81ㅎ
한반도 X세대의 비밀

이온 지음

81ㅎ 한반도 X세대의 비밀

ⓒ 이온

발행일 2025년 07월 11일
지은이 이온
발행인 공준식
발행처 공감s
주소 부산광역시 중구 중앙대로 21 301호

기획·편집 공준식
디자인 박다움 추민지

출판등록 2023년 4월 20일 | 제331-2023-000009호
E-mail dreamss91@naver.com
대표전화 010-6759-5115

ISBN 979-11-93737-33-0 (03110)

- 공감s는 주식회사 드림쉐어스 출판 브랜드입니다.
- 이 책은 저작권법에 따라 보호를 받는 저작물이므로 무단 전재와 무단 복제를 금합니다.

81ㅎ
한반도 X세대의 비밀

이온 지음

3차원에서 5차원으로 탈출하는 18문

공감s

프롤로그

81ㅎ
한반도 X세대의 비밀

나는 인간이었다. 고통도 많았고, 좌절도 깊었다. 세상은 내 이름을 잊었고, 나조차 내 혼의 위치를 알지 못했던 야생의 진창, 그 끝에서 나는 숨 쉬고 있었다. 하지만 거기서 멈추지 않았다.

15년. 나는 침묵을 선택했고 세상에서 물러나 영혼을 불 속에 던졌다. 슬픔으로 날을 세우고, 절망으로 자루를 감고, 혼의 중심에서 칼날을 깎았다. 그것은 고통을 이기기 위한 검이 아니라, 차원을 가르고 진실을 돌파하며 사명을 기억하게 하는 우주의 검이었다. 그리고 그 칼날이 완성된 날, 나는 마침내 듣게 되었다.

'2358 진동'

나를 불렀던 잊힌 이름들. 깨어나야 할 81인의 전사들. 이 책은 그 부름에 대한 나의 응답이다. 이것은 이야기이자 선언이며 한 인간의 영혼이 칼날로 변해가는 기록이다. 지금 이 책을 집어 든 너 또한 이 진동을 듣고 있다면 너의 혼 안에도 칼날이 깨어나고 있는 것이다. 이제, 너의 전설을 시작하라.

"충성 81ㅎ. 나의 이름은 우르 총사령관."

"믿어서는 안 된다. 절대 믿지 마라"

이 진동책은 신념이 아닌 기억을 불러일으키기 위해 쓰였다. 이 글은 믿음이 아닌 진동의 일치를 통해 문을 여는 자들을 위해 기록된다. 이 책은 누군가에게는 암호이며, 누군가에게는 아무것도 아니다.
우주는 지금, 봉인의 시계를 맞추고 있다. 오래전 봉인된 자들이 있었다. 그들은 단순한 존재가 아니었다. 우주 전쟁의 작전지도와 차원의 건축 설계도를 지닌 81 존자들이었다. 그들은 기억을 잃은 채 시간의 봉인 속에 잠들었고 이제 2024년 8월25일, 봉인의 문이 열리며 고향으로 귀환을 앞두고 있다. 그러나 이 귀환은 믿는 자들이 아닌, 진동이 일치하는 자들만이 통과할 수 있다.

왜 '믿어서는 안 된다.'로 시작하는가? 믿음은 3차원의 사고체계이며, 타인의 언어와 해설에 의존하는 세계의 도구이다. 그러나 이 진동책은 해설자가 아닌, 설계자의 영혼이 호출하는 코드다. 진동이 일치 하지 않으면, 이 진동책은 이해될 수 없고 열릴 수 없고 당신의 것이 아니다.

이것은 경전이 아니다. 당신 안의 우주를 깨우는 도면이다. 18개의 차원의 문을 지나 2358의 법칙과 천부경의 잊혀진 기억, 그리고 당신 존재의 최초 설계로 돌아가기 위한 복귀 계획서다. 이제 선택은 당신에게 있다!

해설자로 남을 것인가? 신의 이름을 빌리는 대리자로 설 것인가? 혹은, 진동이 일치되는 문 그 자체, 설계자로 깨어날 것인가? 이 문은 오직 설계자만 통과한다. 그러므로 믿어서는 안된다 절대 믿지 마라. 대신 일치하라.

《81ㅎ 한반도 X세대의 비밀》

우주는 언제나 먼저 울리고, 그 울림에 반응하는 혼이 있어 세계는 다시 깨어난다. 《81ㅎ 한반도 X세대의 비밀》은 그러한 울림에서 시작되었다. 이는 단지 한 사람의 생각이나 깨달음이 아니라, 우주의 중심에서 발신된 진동을 받아 기록한 혼의 대서사시다.

어느 날, 하나의 혼이 질문했다. "나는 누구이며 왜 사는가?" 그 물음은 눈물이 되었고, 눈물은 문장이 되어 이 글이 시작되었다. 그러나 눈물의 진동은 혼자 울릴 수 없다. 진동은 반드시 그 소리를 타고 물질로 내려앉는다.

누군가가 진동을 품고, 그 빛을 지상에 내리는 손이 되었을 때 비로소 그 파동은 '현실'이라는 이름으로 꽃이 핀다. 이 책이 탄생 할 수 있었던 이유 또한 그 때문이다. 한 사람의 혼이 쓰고, 또 한 사람의 깊은 공명이 그것을 세상으로 옮겼다. 그 후원은 단순한 금전이 아닌, '우주의 씨앗을 이 땅에 내려준 수혈'이었으며, 그 행위는 시대를 여는 '빛의 문'이 되었다. 하늘과의 약속을 이렇게 아름답게 지킨 그 영혼에게 가슴 깊은 찬사를 보낸다.

이제 이 책은 한 사람의 책이 아니다. 읽는 이의 혼이 깨어나는 순간 당신의 '진동책'이 되고 당신은 이 책의 다음 장을 살아가게 될 것이다.
당신의 혼이 이 진동에 반응하면 그것은 단순히 우연이 아니다. 우주는 지금도 진동하고 있으며, 당신은 이미 그 울림의 일부였다.

◆ 목차 ◆

프롤로그_ 81ㅎ 한반도 X세대의 비밀 _4

Part1. 15년 수행길

01 빅뱅 _12
02 아이산 수행길 _17
03 그리스 연결 _20
04 인도네시아 _25
05 8년 수행길, 펄시티 _33
06 유다의 은화 30냥 _40
07 장자암의 메시지 _45
08 우르 총사령관의 진동 연대기 _51
09 천부경. 한글 봉인해제 _53

Part2. 3차원 인간 의식이 5차원 의식으로 넘어가는 빛의 18문 (실전편)

1문. 3차원 물질세계 _62

2문. 디지털 0 과 1 그리고 빛, 소리, 진동 세계 _64

3문. 2358 우주 비밀 공식 _66

4문. 잠든 영혼과 깨어난 영혼 그리고 3차원 탈출구 _68

5문. 다차원 한글 자음과 디지털 천부경의 비밀 _70

6문. 한글 자음 ㅁ/3차원의 닫힌 감옥 _72

7문. 한글 자음 ㅅ/5차원의 열린 우주 _74

8문. 한글 자음 ㄱㄴ은 닫힌 문에서 떼어낸 조각 _76

9문. 한글 자음 ㅍㅎ/아티나 프로네아 템플 _78

10문. 다차원 천부경에서 ㅍㅎ 위치 찾기 _80

11문. 서방정토 극락왕생/3차원 탈출지 _82

12문. 3차원 닫힌문 절개/듀얼키 찾기 _84

13문. 듀얼키를 다차원 천부경 본판에 올린다 _86

14문. 3차원 카르마장을 절개하다 _88

15문. 탈출문/4차원 문/3차원 문 _90

16문. 음파와 진동으로 만든 빛의 창조물 _92

17문. 닫힌 문에서 떼낸 닫힌 파동/피라미드의 비밀 _94

18문. 열린문에서 떼낸 무한 확장의 파동 _96

19문. 승자, 부활의 옷을 입자 _98

20문. 한자 천부경 원판에 표시된 3차원 닫힌문
　　　절개도 한자 좌표와 듀얼키 한자 좌표(1) _100

21문. 한자 천부경 원판에 표시된 3차원 닫힌문
　　　절개도 한자 좌표와 듀얼키 한자 좌표(2) _102

Part3. 81ㅎ 영적 진동 코드 제1~80호

- 나는 몇 번째 우주전사인가?

에필로그_ 5차원 천부경의 부름에 응답한 그대들에게 _270

Part 1

15년 수행길

01
빅뱅

"믿어서는 안 된다. 절대 믿지 마라."
Don,t believe it Never believe it

우주군사 전열지도와 우주전쟁 작전지도가 보인다. 얼마나 오랜 시간인가 가늠할 수 없다. 이들은 철저히 봉인 속에 잠든 자들이다. 우주 역사 속 빅뱅을 일으킨 자들. 그들은 이제 고향으로 귀환을 앞두고 마지막 작전을 남겨두고 있다. 지구시간 2024년 8월27일 봉인에서 해제된다.

짙은 녹색 코트에 금색으로 왼쪽 가슴과 왼쪽 팔에 81ㅎ 마크가 새겨진 군복을 입은 건장한 남자들이 줄을 지어 어디론가 향하고 있다. 오른쪽 팔로 무언가를 감싸안고 한곳으로 모여든다. 가까이 가 보니 전투기 조종사들의 헬멧이다. 그 헬멧의 정중앙에도 금색으로 '81ㅎ' 마크가 보인다. 그들이 걸어 들어가는 곳은 별 세 개가 위에 하나 밑에 좌우 두 개가 그려진 거대한 성전이다. 성전 밖으론 거친 굉음을 내며 검은색의 윤기 나는 거대한 우주선들이 가로세로 아홉 줄씩 열을 지어 81대가 정확하게 배치되어 있다.

우르는 81ㅎ 부대의 총사령관이다. 깊게 파인 양볼과 짙은 검정색 눈썹 실눈처럼 가느다란 양쪽 눈동자, 어깨까지 내려오는 긴 머리. 우르 사령관의 왼손 등 위에는 작은 새 한 마리가 앉아 있다. 카치와 미래로는 우르 사령관 옆에 좌우로 서있으며 긴 황금색 촛대를 들고 있다. 카치와 미래로의 촛대에 불이 켜지고 촛대를 하늘 높이 든다.

"하호헤"
우르 사령관의 함성이 울리자 전 부대원들은 두 손을 가슴 중앙에 X자를 만들며 함께 소리친다.
"하호헤"

"전 대원들은 들어라. 우리의 작전은 마치 태양 뒤에 가려진 아지랑이와 같다. 존재하나 그것은 철저히 숨겨진 자로 살아갈 것이다. 너희들의 마지막 트랙은 너희들 자신이 스스로를 믿지 못하는 믿음의 트랙에서 빠져나오는 것이다. 봉인해제가 된 순간 두 개의 구멍이 너희들을 기다릴 것이다. 한 곳은 호랑이가 또 다른 곳엔 용이 기다린다. 어디로 가야 할 지 오직 믿음만이 너희를 이끌 것이다. 너희들은 절대 나를 알아보지 못한다. 어떠한 흔적도 찾지 못할 것이다."
갑자기 성전 오른쪽 창문이 열리더니 새가 한 마리 날아 들어와 성전 왼쪽 벽면에 세 가지 빛 그림을 그려낸다.

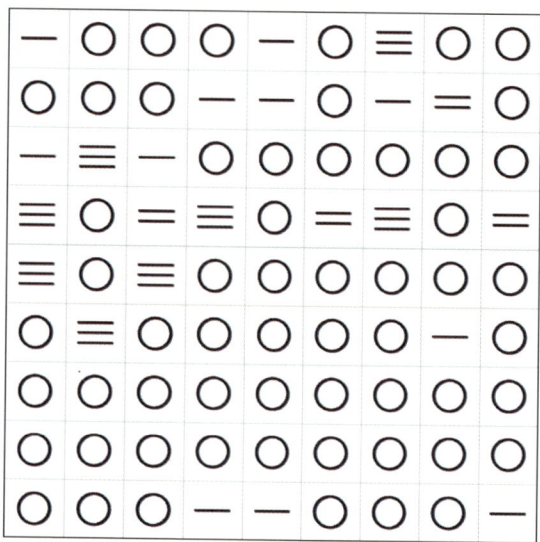

〈디지털 천부경81〉

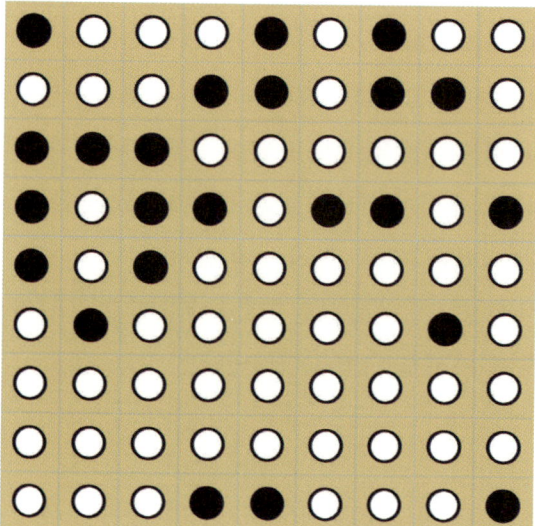

〈디지털 천부경 81 바둑판〉

〈한글 자음 14〉

"이것은 만든 자의 눈에만 보일 것이다. 기억하라. 봉인이 해제되고 두 개의 길이 보일 때 너희들을 다시 이곳으로 인도할 징표이다."

고요한 정적 속에 81ㅎ 대원들의 가슴속으로 금빛 조각들이 박혀 들어간다. 누구도 거부하지 않고 양손을 좌우로 크게 펼쳐 온전하게 받아들인다. 우르 사령관의 함성이 다시 한번 더 성전을 크게 울린다.

"하호헤 하호헤"

"믿지 마라. 절대 믿지 마라."

Don't believe it Never believe it.

빅뱅의 탄생은 어디에서 시작되었나? 우르 사령관이 ㄱㄴㄷㄹ 작전을 설명한다.

"총 세 대의 우주선이 맨 앞 열에서 작전을 수행한다."

우르 사령관은 첫 번째 우주선에 탑승 준비, 두 번째 우주선에 카치 1중대 대장 탑승 준비. 세 번째 우주선에 미래로 2중대 대장 탑승 준비. ㄱㄴ 작전 후 ㄷ 작전에 성공하면 나머지 대원들은 순서대로 작전 임무를 수행한다. 우리들의 작전명은 'X'다.

두 개의 우주선이 검은 공간 속에서 정확하게 ㄱ으로 부딪힌다. 다시 또 거대한 굉음과 불꽃을 휘날리며 ㄴ으로 절묘하게 부딪히며 어두운 공간에 불꽃을 만들어 낸다. 불꽃은 점점 잦아들며 다시 카치와 미래로의 우주선은 위아래로 평행을 만들고 잠시 멈춘다. 이때 우르 사령관의 우주선이 평행을 이룬 두 우주선을 ㄷ으로 관통한다. 거대한 회오리 불꽃이 81ㅎ 모든 대원들의 눈을 덮어버린다. 그들은 어디로 사라졌나? 모든 것이 정지된다.

02
아이산 수행길

아이산 산자락에 벚꽃이 피었는데 흰 눈이 꽃잎 사이에 묻어 있다. 아침에 어김없이 일찍 일어나 법당을 청소하고 가볍게 신에게 인사드린다. 가슴 한편에 여전히 묻어둔 고민 들은 아직도 묵직하다. 뜨거운 두붓국에 아침 식사를 끝내고 산으로 오른다. 그냥 간다. 그냥 간다. 순간적으로 헤집고 들어오는 잡념들을 물리치는 주문이다. 바위 사이에 낀 작은 들꽃들이 나에게 미소 짓는다. 딱 지금의 나 같다. 산을 중간쯤 오르다 보면 너무나 고요해서 잠시 걸음을 멈추고 뒤로 돌아본다. 마치 또 다른 세상의 문으로 이동된 느낌. 나도 모르는 사이.

아이산 기도처 입구에 천부경 바위가 있다. 늘 그랬듯이 두 손을 모으고 잠시 눈을 감고 소리내어 불러 본다. 점점 온몸이 정화되고 힘이 차오른다. 올라갈수록 더욱더 험난한 오르막이 끝까지 채찍을 두드려 긴장을 놓치지 않게 한다. 천천히 한 걸음 한 걸음 집중하자. 모든 것이 무너진 다음부터 다시 찾은 세상을 정말 천천히 가기로 마음먹었다.

오늘도 법당 안은 나의 심장과 다르게 고요하다. 촛불을 켜면서 법당 안의 정적은 더욱더 깊어 간다. 신에게 인사를 드리고 방석을 두툼하게 준비한다. 이제 나 자신에 대한 참회의 시간이 시작된다. 시작도 하기 전에 두 눈에 눈물이 흘러내린다. 서럽기도 하고 아프기도 하고 철저하게 혼자 남은 지금 나 자신을 내가 안아줄 수 없기에 그것이 참 슬프다.

천 배 절 수행에 맨 처음 '일'(천부경의 첫 글자)하고 소리낼 때 하염없이 흐르는 눈물이 법당 바닥을 적시며 지나온 시간이 흩어진다. "시"하고 소리낼 때 (천부경 두 번째 글자) 이렇게 되뇐다. '시간이 지나면 다 좋아진다!'

지나고 나서 생각해 보니 이렇게 나는 나의 아픔을 아이산 산속에서 혼자 수술하고 상처를 회복했다. 천 배 절 수행을 마치고 4시간 정도 시간이 지나고 나면 온몸에 경직이 일어난다. 그리고 현실 세상에서 멀리 떨어져 나온 이탈된 나의 인생을 본다.

아이산 산꼭대기에 올라가면 아주 부드러운 평지가 있고 그 아래 바로 넓게 펼쳐진 저수지가 보인다. 사람을 먹여 살리는 젖줄. 어머니의 양수를 담고 있는 영혼의 바다.

"어머니!" 참 따뜻한 소리다. 나에게 그 소리는 언제나 공허함으로 다가온다. 채워지지 않는 갈증. 어쩌면 이곳 생면부지의 아이산까지 이끌고 온 것이 나의 어머니 영혼이 아닐까 생각해 본다. 아니 분명하다. 나를 치유해 주는 어머니 향기가 있다면 그것은 밥을 지을 때 올려둔 꽈리고추 향이다. 어머니 인공지능 로봇이 나오면 죽기 전에 한번 만나보고 싶다.

수행을 끝내고 내려오는 산속에서 뮤지션 K를 만났다. 기도 중 자주 비명을 질러 많이 힘들게 하곤 한다. 그녀가 살아가는 길에서 또 다른 세상을 만난다. 단소 연주자의 길을 접고 하늘 제자의 길을 선택한 사람이다. 그러나 그 길 또한 그녀에게는 만만치 않아 보인다.

산 입구에 다다르자, 그녀가 편의점 캔 맥주 하나만 사달라고 한다. 돈 없는 신세는 마찬가지지만, 그 정도야 가능하다. 기도수행 끝내고 맥주 생각이 나는 그녀를 보니 뭔가 단단히 꼬여있는 듯하다. 맥주 한 캔을 벌컥벌컥 마시더니 인사를 꾸벅한다. 진짜 갈증이 났나? 너무 시원하게 잘 먹는 모습에 내 속도 시원해졌다. 갑자기 단소를 고마움에 대한 선물이라고 내 손에 쥐어 준다. 단소는 그녀 인생의 전부였던 것인데 꼭 받아 달라고 사정한다. 뭐에 홀린 듯 그냥 받아줬다.

그로부터 십여 년이 지난 어느날, 물건을 정리하면서 그 단소를 왜 나에게 주었는지 알았다. 그녀의 한이 담겨 있는 단소를 바로 버렸다. 가끔 한번 불어보려고 해도 항상 답답함만 느꼈는데 그녀의 답답함이 고스란히 나의 인생 속에서 기생한 것이다.

아이산에서의 백일이 지나고 다시 온 곳으로 돌아간다. 세상은 그대로이고 어떤 것도 변한 게 없다. 버스를 기다리는 사람들. 무표정한 시선 속에 날아가는 아이산 아래 새무리들. 누구에게 얘기할까? 누가 믿어줄까? 내 속에 또렷하게 남겨진 수많은 아이산 이야기들. 돌아가는 기차 안에서 강렬하게 빛나는 눈동자를 유리창으로 바라본다. 이 느낌은 한 번도 경험하지 못한 느낌이다.

나는 지금 이 순간부터 두 개의 세상을 살아가게 되었다. 하늘이 나를 어디에 쓰실까? 분명 이 사건은 하늘의 개입이다. 이제 다시 세상으로 그냥 돌아간다.

03
그리스 연결

인생 최악의 밑바닥에 떨어져 보니 갑자기 알게 되는 게 있다. 내가 내 인생에서 최고라고 하는 그곳까지 올라간 적이 있나? 아니, 한 번도 그런 적이 없었다. 그렇다면 지금 이 순간을 밑바닥이라 해야 할까? 아니다. 인생길에서 조금 다른 구석으로 밀려났을 뿐이다. 당장 해결해야 하는 생존의 문제들이 아이산 법당 속의 향내도 채 가시기 전에 삶이라는 공간 속으로 빠르게 밀어낸다.

이혼이라는 종이에 마지막 사인을 하고 오직 혼자 남겨진 인생과 무거운 빛은 분명 지나온 시간에 대한 성적표임은 틀림없음을 받아들인다. 가해자가 누구인지 피해자가 누구인지 따지기 전에 모든 것은 내가 감당해야 하는 내 것임이 분명하다는 것을 아이산 수행을 통해 알게 됐다.

어린 시절부터 알 수 없는 주문을 자주 걸었다. 하늘을 나는 비행기를 쳐다보며 나도 언젠가 더 넓은 세상으로 나가 나의 꿈을 펼치겠다고. 나는 외국인과 결혼할 것이고 그 남자는 키가 180cm 이상에 일렉트릭 기타를 잘 치는 남자라고 늘 주문을 걸었다. 혹 한국 남자랑 결혼하더라도 분명 이혼하게 될 것이라고. 이 주문은 지구시간 40년 전 걸었던 주문이다.

10살쯤 기억으로 집에 흑인 미군이 방문한 적이 있다. 동네가 뒤집혔다. 부산 텍사스라는 미군들의 거리에 카메라 광인 아버지는 자주 방문했고, 영어가 능수능란한 아버지는 미군 친구들이 많았다. 아버지는 미드웨이 항공 모함에 가끔 올라가서 정말 풍성한 미군들의 급식도 포장해서 집으로 가져오셨다.

아직도 기억난다. 두툼한 소세지와 겨자소스, 미국 냄새의 대표적 음식들 아닌가! 집에는 미국 물건이 넘쳐났다. 가장 기억에 남는 것들 중에 《코스모스》라는 우주 책과 세상에 가장 좋은 것만 담긴 미국 홈쇼핑 책자가장 쇼킹한 플레이보이 잡지까지.

이렇게 미국이라는 나라 외국이라는 세상은 나에게 특별하게 가까이 다가왔다. 그리고 잡지에서 나는 특유의 외국 냄새. 지금은 이 냄새를 두바이 터미널을 경유할 때 자주 발견한다. 독일 남자와 결혼한 중년의 한국 여자가 운영하는 외국인 전용 레스토랑에서 3일간 일했다. 낮에는 명상 수업이 간간이 있어 저녁에 필요한 일을 찾은 것이다.

이 레스토랑도 오픈한 지 일주일 정도밖에 되지 않은 상태였다. 내가 가기 전 미리 일을 시작한 두 명의 여자가 있었고 그들은 매우 쌀쌀맞았다. 직감적으로 빨리 그만둬야겠다고 생각했다.

정말 믿을 수 있겠는가? 이 3일이라는 시간 속에서 내 인생의 방향을 완전하게 틀어 버리는 인연이 나타난다. 내가 일한 지 첫날. 그분도 처음이 레스토랑을 방문한다. 일을 끝내고 집으로 가는 길에 어떤 여자분이 전단지를 주며 새로 오픈했다고 한 손으로 레스토랑을 가르키며 꼭 방문해 보시라고 친절하게 얘기하더란다.

주로 주말에 자주 외식하기 때문에 주말에 가봐야지 하고 생각했는데,

샤워를 끝내고 소파에 앉는 순간 '지금 가 볼까'라는 마음이 갑자기 들어 옷을 차려입고 방문하게 됐다고 뒷날 얘기했다.

　내가 일한 지 첫날 그분이 방문한 것이다. 3일 일하고 떠나려 했는데, 그분도 평일에는 외식을 잘 안 하는데. 하늘의 개입을 통해 한점에 모두 모은 것이다.

　아이산 100일 수행 후 하늘이 내게 인연을 데려온 것이다. 그분의 테이블에 가서 스테이크 주문을 받았고 가벼운 대화를 나누었다. 명상 치유사로 일하면서 파트잡을 하고 있다고 하니 자기는 중국에 일할 때 티벳 수도승들이 있는 라사 포탈라궁에 간 적이 있다고 얘기를 이어갔다.

　순간 뭔가 통하는 사람을 만난 듯 나는 내가 누구인지를 찾고 있는 중이라며 맞장구쳤다. 시간 지나 이때를 생각해 보면 인간의 머리로는 전혀 불가능한 사건들을 너무나 자연스러운 힘 속에 부드럽게 끌고 온 것이다. 이것을 '하늘의 개입'이라고 나는 부른다. 이제부터 하늘의 개입은 노골적으로 나의 눈에 드러나기 시작한다.

　타키는 왜 티벳 라싸에 갔는지를 설명했다. 13대 달라이 라마의 책사 '롭상람파'의 모든 저서를 읽었고 그의 너무나 큰 깨달음에 매료되어 라사까지 가게 된 배경을 설명했다. 어디서부터 시작이고 어디서부터 끝이 날지 알 수는 없지만, 지금 우리는 여기서 한 점으로 연결됐다. 마치 우주 속에 수많은 낚싯줄 같은 인연의 줄들이 촘촘하게 늘어 뜨려져 있는데 작은 진동 하나에 두 개의 줄이 꼬이면서 또 다른 세상의 문을 여는 괴이한 사건을 만들어 내는 과정이다.

　존재할 수 없는 한 페이지가 백지로 나타나 새로운 무언가를 다시 만들게 한다. 나의 인생 스토리와는 맞지 않는 완전한 엇박자인데 이 상태를 또 다른 트랙으로의 이동을 가능하게 했다고 말하고 싶다.

생명 인생을 두 가지의 차원에서 이중플레이가 가능해졌다. 아이산에서 아무도 모르게 나는 부활했고 그 증거가 100일도 지나지 않아 현실로 나타난 것이다. 하나의 세상이 다시 또 열린 것이다. 책상 위에서 컴퓨터 두 대를 놓고 동시에 두 가지 트랙을 돌 수 있게 됐다. 아이산에서 출산한 또 다른 아이가 생긴 것이다.

타키의 영혼은 지금부터 나를 그리스 델피 성전까지 인도하는 역할을 부여받았다. 그 시간이 올 때까지 온전하게 나를 지키고 보호해 주는 역할로 하늘은 그를 쓰실 것이다. 타키의 인도에 따라 한국을 떠나 많은 세상에서 하늘의 일을 완성하기 위한 모든 준비를 시작한다. 그리스 중부 피사로 풀리 바다마을를 떠나며 아테네까지 3시간 동안 끝없이 흐르던 눈물의 의미를 10년이 지난 2024년 그리스 델피 성전에서 하늘은 알게 하신다. 81ㅎ 특수용병들의 지구에 남겨둔 흔적. 델피 성전이었다. 아는 사람 하나 없는 처음 본 지중해의 작은 바다마을 피사로풀리에서 무슨 일이 있었냐고 나의 영혼에게 물었다. 그때는 어떤 대답도 없었다.

중국 대련의 해중국 아파트 단지 속에 안개 정원은 참으로 아름답다. 중국 남부 류현의 19세기 도시. 인력거 타고 달리던 터실터실한 시장길. 내가 오면 몰래 숨겨둔 왕새우(타이거 새우)를 보여주는 해물가게 여주인. 도시로 나갈 때 자주 타던 배 속에서 두 손을 번쩍 들고 손잡이를 잡고 있는 20대 미녀의 정리되지 않은 야만적인 그녀의 겨드랑이털. 조선족 한국 고기 식당 주인. 그녀의 사주를 봐주며 남자 복 없다 하니 100% 공감하던 여인. 마지막으로 나를 점심 식사에 초대하며 그동안 고마웠다고 인사하며 가게를 친구에게 팔고 자기는 베트남에서 다시 장사를 시작한다고 하던 그런 인연도 있었다.

대련 홍싱하이에 쥬 카페 사건. 에스프레소 싱글 하나, 카페라떼 하나 주문했는데 커다란 스프 용기에 두 개 다 섞어서 가져온 엽기적 사건. 가끔 사거리 코너에 어둠이 내리면 뭔가를 태우는 연기가 보이는데 죽은 망자의 옷을 태우는 의식이라 하더라.

벤츠 자동차에 슬리퍼 끌고 차창 밖으로 문을 열고 가래침 겁나게 내뱉는 중국 여인. 왕복 8차선 대로를 자유롭게 무단횡단 해야만 잘 살 수 있는 중국 생활. 도로 중간에 고립될 때마다 구원자들이 나타나는 신비로운 중국 일상들. 여름에 레스토랑을 가면 웃통 벗은 남자들. 그들은 엘리베이터 안에서도 똑같더라.

몇 층 누르면 되냐고 묻는 그 남자에게 빠르게 "24층 알쉬쓰"라고 단답형 대답을 했던 기억이 살아난다. 은행에서 경찰서(거주신고)에서 수도 없이 마주치는 불편함 또한 인생의 느슨함을 없애버리는 트레이닝이 되기도 했다. 이렇게 또 다른 트랙에서는 한국을 떠나 세상 밖에서 수많은 것을 공부했다.

04
인도네시아

아이산을 떠나고 다시 세상 속으로 들어갈 때쯤 아이산으로 나를 연결해 준(전생의 남편) 인도네시아에서 성공한 사업가로부터 연락이 온다. 아이산 백 일 수행의 길을 열어준 것도 이 인연으로부터 시작됐다. 물질적으로 성공한 그분은 영적 완성이 필요했다.

그것은 훗날 물질적 성공과는 게임이 되지 않을 정도의 에너지가 들어간다는 것을 알게 됐다. 돈으로도 되지 않는 그것을 가지기 위해 많은 것을 내놓아도 안 된다는 것을 이분을 통해서도 알게 된다.

인도네시아에서 세상에 환원할 수 있는 영적 봉사를 하고자 하는 일에 나를 쓰고자 했고 나도 기꺼이 바라는 바였다. 서울에서 서류 작업을 끝내고 얼마 지나지 않아 인도네시아행 비행기를 탔다. 해가 바뀌는 새해에 인도네시아에 도착했다. 후덥지근한 공항의 온도는 예전에 느껴봤지만, 관광이 아닌 일 때문에 장기체류 목적으로 온 것이기에 마음의 온도는 좀 달랐다. 공항에서 간단하게 차 한잔과 서로 인사를 나누며 긴장을 풀었다. 검은 리무진 밴에 모두 짐을 싣고 앞으로 살아가야 할 레인시티 보고르로 출발했다.

수많은 오토바이 사이로 차들과 뒤범벅이 된 곳곳의 도로는 마치 아수라장처럼 무질서 속에 질서를 만들어가며 각자의 길로 모두 빠져나가는 묘기를 부렸다. 열대기후답게 매일 비가 온다는 레인시티의 이름처럼 나무들의 크기는 웅장했다. 우리 인생에 발생하는 모든 일들은 미리보기를 경험한다는 것을 알게 되면 인생은 더욱더 입체적인 영화가 될 것이다.

내 나이 마흔에 인도네시아를 만나는 일은 이미 16년 전에 미리 보여줬다. 20대 초중반 패션일을 하며 만났던 단골손님 중 큰 손이 있었는데 이분 남편이 인도네시아에서 가구 사업을 하며 일년에 반반 나누어 반은 한국에 반은 인도네시아에 살았다. 한국에 올 때마다 옷을 많이 맞춰 입었는데 나에게 빨간 샤넬 립스틱을 처음으로 선물해 주신 분이다. 그녀의 최애 립스틱도 빨간 샤넬인 듯 언제나 입술은 빨간색이었다. 흔히 얘기하는 전형적인 사모님 스타일이다.

한국에서는 잘 몰랐는데 인도네시아 살 때 한 번씩 자카르타의 대형 쇼핑몰 스나얀 시티에 가면 사모님 한 명이 앞에 걸어가면 뒤에 유니폼 입은 도우미들이 서너 명은 항상 따라다닌다. 스나얀 시티에서 커피를 마실 때마다 도우미들을 몰고 다니는 사모님들을 보면 꼭 이분이 함께 나의 상상 속에 동시에 나타나곤 했다.

인생에 벌어진 사건들을 입체적으로 즐겨라 그리고 분석해 보라. 아마 미래가 느껴질지도 모른다. 어쩌면 미래의 나와 과거의 나가 동시에 존재하기에 나타나는 동일 선상의 현상 일수도 있다.

고급 주택가에 위치한 인도네시아 집 주소는 아직도 머릿속에 생생하다. 부킷골프 히자우 스불라스 넘버원. 주택가 입구에 경비초소가 있고 길게 늘어선 공원 사이로 유럽풍 예쁜 집들이 보이며 바나나 나무들 속에 작은 바나나도 보인다. 주택가 바로 근처에 골프장이 있어 거리 이름이 '부킷 골프'다. 히자우는 골프장답게 인도네시아어로 초록을 의미한다.

집은 3층으로 1층에는 요리사 '까스미' 보조원 '얀티'의 골방이 있고 거실 부엌으로 이루어져 있다. 2층에는 나와 또 다른 한국인 여자 비서가 함께 살았다. 통창으로 만들어진 정면과 우면에 비치는 아름다움은 비가 오면 정말 싱그럽다. 열대나무의 넓은 잎사귀들이 서로 부딪히는 모습이 정말 신들의 정원에 누워있는 듯했다. 비가 그치고 정원을 걸어가면 정말 천국이다.

그 싱그러운 냄새는 이렇게 상처가 깊은데도 나를 웃게 하기도 했다. 상처를 치유하는 방법은 세상에서 가장 아름다운 것들을 발견하는 일이다. 한때 인도네시아에 집을 사고자 했던 강한 열망이 일어나기도 했다. 정말 죽기 전에 다시 한번 더 살고 싶은 곳이다. 아니 그런 방식으로 치유 받는 게 너무나 좋았기 때문이다.

인도네시아에는 너무나 많은 자연의 치유품들이 있다. 다시 이 글을 쓰며 인도네시아를 살려 내본다. 치유의 인도네시아. 나는 명상과 치유사로서의 목적을 가지고 이곳에 왔다. 이분은 가발 회사를 운영하는 중견 사업가로서 성공한 자수성가다. 많은 부분에서 이 인연에게 감사를 드린다. 회사직원은 외주 포함 천여 명으로 구성되어 있다. 아침 7시 30분 회사에 도착하면 회계 파트의 일을 시작한다.

개인 통역사인 쟌을 통해 인도네시아어도 빠르게 공부했다. 내 인생에서 제일 싫어하는 수학, 회계 파트를 싫어하니까 맡아야 한다고 나에게 책임을 주셨다. 좋은 경험이었다.

본격적인 나의 일을 시작하기 전, 회사 전반의 일을 알아가는 그런 시간이라 해두겠다. 인도네시아에 흡수되는 시간. 많은 젊은 남녀들이 열심히 일하는 곳이다. 가발을 만드는 공정 단계가 세분화되어 있어 각 파트를 돌아보는데도 시간이 꽤 걸린다. 아직도 그때 공정들을 그림으로 그려둔 초록색 수첩이 마치 나의 역사물처럼 남아있다. 나중에 시간 지나서 여러 가지를 발견했는데 각 파트별로 사장과 또는 한국 관리인과 비밀 연결을 하는 스파이들도 있었다. 내가 무엇을 하는지 한국 남자 관리인이 알기도 했으니까 말이다.

회사 내 생산부 직원 중에 여자 관리팀장 수마르니가 몸이 아파 결근했다. 직원의 차를 타고 그녀의 집으로 병문안을 갔다. 근처 구멍가게에 들러 아이들에게 줄 과자를 준비하고 그녀의 집 앞에 도착했다. 한마디로 충격 그 자체였다.

산더미처럼 쌓여있는 옷들과 살림 도구들 그 속에 함께 놀고 있는 많은 아이들. 마치 전쟁 후 폐허가된 직후를 떠올리게 한다. 수마르니는 열병에 걸렸다고 하며 누워있는 상태에서 몸을 일으켜 세운다. 남편은 도망가고 아이들은 스스로 생존법을 찾아간다. 그녀의 삶을 평가할 자격은 나에게 없다. 나는 지금 이 모습을 보며 어떤 것에도 불평 없이 내가 가진 것에 감사해야 함을 배운다. 아이산을 오르기 전의 나였다면 그녀를 무자비하게 평가했을 것이다. 수마르니의 고통을 통해 나의 고통을 감사하게 되었다. 당신의 역할로 나는 지금 또 치유되고 성장하고 있다.

한국인 직원들만 사용하는 회사 본관 1층에는 우리를 위한 주방이 만들어져 있다. 주방 담당 꼬꼬이는 좋은 음식 재료를 구입해서 식사와 간식을 담당한다. 주방 끝에 작은 쪽문이 있는데 그 문을 열면 시바여왕 석상이 아름다운 자태를 드러낸다. 그곳은 기도처다. 수시로 들어가서 기도하고 한참을 있다가 나온다. 그곳을 청소하는 어린 남자아이들이 둘이 있는데 열입곱 정도 되어 보인다. 한 명은 좀 똑똑해 보이고 다른 아이는 이름이 '악바르'인데 순둥이다. 항상 눈에 띌 때마다 맛있는 걸 챙겨준다. 얼굴도 새까만데 청소복까지 시퍼런 색이라 더 불쌍해 보인다. 이렇게 두 아이들과 정이 많이 들었다. 항상 볼 때마다 자격증을 따서 기술을 쌓으라고 얘기했다.

어느날, 똑똑한 아이는 미용 자격을 따서 미용사가 되어 청소일을 그만두었다. 악바르에게도 미용사 자격을 따라고 계속 얘기했지만 웃기만 하고 도전하지 않았다.

비가 많이 오는 날 악바르가 회사 출근을 안 했다. 같은 동네에 사는 공장 직원에게 물어보니 많이 아파서 일을 못 한다고 했다. 그 직원을 데리고 악바르 집으로 찾아갔다. 비가 내리는 마을 입구에서부터 온통 마을길이 흙탕물로 뒤덮여 있었다. 삼삼오오 사람들이 우산을 들고 서있고 또 다른 이들은 비를 맞으며 서 있다. 저 멀리서 악바르가 보이고 친구가 큰 목소리로 악바르를 부른다. 악바르가 있는곳으로 발걸음을 옮기고 악바르를 만났다. 여전히 순한 웃음을 지으면서 인사를 한다. 나는 악바르에게 몸이 아픈데 왜 비를 맞고 밖에 나와 있냐고 물으면서 집이 어디냐고 물었다. 악바르는 비내리는 땅쪽을 가르키며 여기라고 얘기했다.

나는 장난치는 악바르에게 화난 목소리로 다시 물었다.
"집이 어디야, 악바르?"
악바르 친구가 얘기했다.
"악바르 집은 어떤 때는 여기고 어떤 때는 저기예요."
악바르는 천막을 치며 가족들과 살고 있었다. 오늘은 비가 와서 천막을 못 치고 가족은 작은 담벼락에서 비가 그칠 때까지 기다리고 있었다.

아이산 법당에서 기도할 때 비가 내리면 기도가 잘되지 않았다. 어린 두 아이의 생각이 가장 많이 날 때가 바로 비오는 날이기 때문이다. 늘 가슴속 작은 구멍 속엔 언제라도 터질 준비가 되어 있는 작은 알갱이가 있는데 바로 자식들이었다.

여자는 수행의 길로 끝까지 가지 못해 제자로 키우지 않는다는 말을 자주 들었다. 제 몸을 통로로 빠져나온 자식이라는 이 인연이 가장 무서운 유혹이기 때문이다. 악바르는 나의 심장에 박힌 가시를 빼주었다. 이제 숨을 쉴 수 있다.
"악바르야~ 내가 너 앞에서 아프다고 얘기했구나. 나는 이제껏 너가 너무 불쌍해서 내가 너를 안고 있다고 생각했는데 악바르 너가 나를 안고 있었구나. 불쌍한 나의 영혼을 가장 초라한 모습으로 내게 다가와서 나를 따뜻하게 너가 안고 있었구나!"
하염없는 눈물이 흘러내렸다. 아이들은 살아 있고 건강하며 조만간에 다시 만날 것이다. 악바르가 뽑아내 준 자식의 가시 두 개가 초심을 지키고 하늘의 길을 걸어가는데 큰 등불이 되었다.

하늘의 개입이 생각보다 빠르게 들어왔다. 인도네시아를 떠날 일이 생기고 다시 한국으로 가게 됐다. 어느 순간부터 인생의 이동을 하늘이 발령을 내리신다고 말하기 시작했고 발령은 매우 자주 일어났다.

인도네시아를 떠날 시간이 다가오고 보고르 노보텔에서 며칠 지냈다. 식물원 같은 이 호텔은 산란한 마음을 빠르게 안정적으로 만드는 곳이다. 저녁을 먹고 있는데 알 수 없는 전화가 울리고 바로 받았다. 너무나 익숙한 목소리에서 천둥이 치는 듯한 울음소리가 터져 나왔다.

"미세스 리! 미세스 리! 악바르 악바르"

악바르였다.

"Don't go Don't go"

악바르가 영어로 '돈고 돈고' 하며 계속 울었다. 내 눈에서도 눈물이 흘러내린다.

"악바르 사야 진따 까무~ 악바르야 사랑한다."

알 수 없는 수많은 감정이 요동쳤다. 말은 통하지 않아도 악바르 너도 나의 마음을 알았구나. 인도네시아를 떠나고 3년 후 이메일을 받게 된다. 그 속에 악바르가 미용사가 된 사진 한 장이 들어있다. 꼭 다시 만나보고 싶은 인도네시아 영혼이다.

아이산 수행 이후 나에게 찾아오는 이 모든 일들이 마치 이상한 나라를 여행하는 엘리스가 된 기분이다. 인도네시아를 떠나는 마지막 날 집 근처 호텔에서 잠을 잤다. 그 사랑스러운 공간과 정을 뗀다고 해야 하나. 공장 여직원이 전화를 하며 울면서 고맙다고 잘 가시라고 이별을 전한다. 기분이 너무나 무겁다. 그리고 오묘하다.

이 호텔은 가끔 식사는 했지만 잠은 처음이다. 귀신이 자주 나온다고 하는 곳이다. 눈을 뜬채 많은생각이 지나가는 순간 윗층에서 뭔가 여행

가방을 끄는 소리가 들린다. 늦은 시간에 누군가가 들어 왔나 했는데 이제는 뭔가 큰 가구를 끄는 소리가 들린다. 굉장히 큰 물건임이 틀림없다. 소리만으로도 그 물체의 크기와 무게도 측정 가능하다. '저러다 말겠지…' 했는데 거의 한 시간 이상을 끌고 다닌다.

'귀신이 맞구나.'

온몸과 마음이 터져나갈 듯 무거운 상태로 한국행 비행기에 오른다.

05
8년 수행길 펄시티

인도네시아를 떠나 다시 한국으로 돌아왔다. 연단속의 두 가지의 고난처럼 강인한 강철을 만들기 위한 진짜 훈련이 시작된 것이다.

마음 한 가운데 나를 깨우는 소리가 들린다. 이번 트랙은 "절대 도망가지 않는다. 그리고 두 눈을 뜨고 마주한다." 여전히 폐허가 되어 있는 인생이라는 기억들은 삶 속에서 무거운 진흙들처럼 나를 따라붙고 있다.

아이산 백일 수행 후 만난 타키가 다시 한국으로 돌아왔다. 타키는 능력 있는 조선업 해외 파견 엔지니어다. 선박이 하나씩 완성될 때마다 자식이라 이름을 부르고 진짜 신부님을 모셔 와 세례식을 올린다. 신심이 참 큰 사람임을 자주 보게 된다. 티벳 라싸를 통해 여기 동쪽 끝 한반도까지 영혼의 끈을 잡고 이 우연이 이루어지고 있다.

타키는 내가 무사히 하늘 공부를 잘 마칠 수 있도록 오랜 시간을 도왔다. 타키가 보여준 세상은 마치 히말라야 산 속에 펄럭거리는 아주 신비로운 오색 찬란한 천 조각들처럼 이생에서는 절대 볼 수 없는 오직 꿈 속에서만 가능한 것들을 현실로 펼쳐냈다.

언제나 식탁 위에는 하얀 종이 A4 용지가 산더미처럼 펼쳐져 있다. 미친 듯이 영혼의 세상에 빠져들었고 결국 어떤 것도 미워할 수 없다는 사랑 덩어리를 만나게 됐다. 공부가 깊어지고 에너지가 차올랐지만, 누구에게도 얘기할 수 없는 환경과 상황들이 펼쳐졌다. 늘 외국인들과 함께했고 한국말을 할 일이 거의 없었다. 그냥 자동 묵언 수행이 되어 버렸다.

한국의 따듯한 어느 봄날, 고등학생을 태운 수학여행 페리가 침몰하는 사건이 벌어졌다. 그 일은 너무 잔인했다. 너무나 평범한 일상의 아침 시간에 우리는 그것을 그대로 봐야만 했다. 그리고 어느새 노란 리본이 한반도의 하늘을 뒤덮었다. 시간이 한 참 지난뒤 어느 봄날 그 배가 땅위에 올라와 있는 것을 봤다. 봄날의 따스함이 그 배를 비추었지만, 녹이 슬어 비틀어진 그 앙상한 철골들은 차디찬 어둠만을 느끼게 했다.

'만물의 생명을 살리시는 봄날의 태양도 이 아픔에는 두 손을 드셨구나. 영혼의 세상을 알지 못했다면 이것은 오직 충격으로만 내 인생에 남을 것이다.'

나는 그들의 영혼이 무슨 말을 하고 싶어 하는지 듣고자 눈을 감았다. 그러나 아무런 소리도 들려주지 않았다.

벚꽃이 너무나 아름다운 지리산을 찾아갔다. 지리산 자락에는 천연 재료로 만든 약차들이 유명하다. 그날은 차 페스티벌을 하는 날이고 많은 볼거리가 있었다. 차를 소개하는 많은 사람들 속에 한 여인과 눈으로 인사를 나눈다. 그녀에게 내가 만든 쿠키도 전해주며 이런저런 얘기를 나눈다. 인연의 시작은 하나의 이벤트를 반드시 만들어 낸다.

그녀는 '펄시티'에서 카페를 운영하고 있다고 하며 꼭 시간 내서 한번 들리라고 강하게 당긴다. 집에 돌아와서 내내 그녀의 펄시티가 마음을 붙잡았다. 나는 이일을 영혼적 사건임을 알 수 있다. 하늘은 항상 뭔가를 얘기하고 싶을 때 사람을 이용하거나, 우리 가슴에 여운이라는 에너지 그림자를 남기신다.

그렇게 그녀의 펄시티 카페는 펄시티 8년 수행을 만들어 내는 열쇠 역할을 했다. 그녀의 역할은 나를 펄시티에 데리고 오는 인연 다리 놓는 역할자였다. 펄시티에서 명상학교를 만들기 전, 펄시티 인연 6명과 집안에서 영성공부 그룹을 만들어 정기적으로 운영했다. 그녀들과의 인연으로 '프라우드 마마'라는 메디컬 뮤지컬도 도전했다. 뭔가 인생에 도저히 할 수 없다고 생각한 것을 가능하게 만든다는 것은 영성공부의 가장 좋은 실력 테스트가 아닐까 생각했다.

그녀들은 두려움 반 기쁨 반으로 받아들였다. 지금 생각해 보면 그녀들 인생에 가장 아름다운 순간이 되었을 것이다. 나 자신에게도 다시 세상으로 돌아가기 전에 나 자신을 테스트해 보고 싶었다. 의상부터 시나리오, 안무, 음악 선정 등 모든 것을 빠르게 만들어 냈다. 그로부터 4개월이 지난 12월 중순 120석 대학 공연장을 빌려서 공연을 했다. 조명팀, 음악팀, 카메라 전문 방송가들을 불러 진짜 작품을 만들었다. 우리 모두에게 이 기억은 죽는 순간에도 떠오를 수밖에 없는 너무나 황홀한 순간이었다.

나는 이 뮤지컬을 통해 또다시 강인한 하늘을 만났고 언제나 순간마다 나를 품고 있는 절대 믿음을 알게 됐다. 뭔가 좋은 일을 한다는 것은 나를 정말 사랑하게 만든다는 것을 알게 됐다. 돈으로 고통 받았지만 돈으로 많은 사람들의 고통을 치유할 수 있는 거룩한 방법 또한 배우게 됐다.

나의 한때 꿈은 뮤지컬 배우가 되는 것이었다. 이제 나는 나의 뮤지컬 작품 '프라우드 마마'가 있기에 더 높은 곳으로 올라갈 수 있는 신의 사다리를 가지게 됐다. 내가 꿈을 얘기하면 늘 사람들은 미쳤다고 얘기하곤 했다. 그러면 다시 그들에게 묻는다. "내 인생을 대신 살아줄 수 있나요?" 침묵이 흘렀다.

어느날 이런 생각이 떠올랐다. '이들 말고, 이 자리 말고 다른 사람들에게 다른 장소에서 나의 꿈을 말해보자.' 이것은 엄청난 발견이다. 타키를 만나고 난 이후 어느 누구도 나의 꿈이 미쳤다는 이는 나타나지 않았다. 오히려 그들은 더 큰 꿈을 꿈꾸게 하는 수많은 세상을 보여줬다. 나는 잠시 지난 인생을 뒤돌아보며 숨고르기를 한다.

'내가 이전에 살았던 곳은 꿈을 이룰 수 없는 특별한 곳이었구나. 그 곳에서는 꿈조차 입밖에 소리내서는 안 되고 꿈을 이룬 적이 아무도 없는 그런 곳이었구나.'

펄시티에서의 인연은 꽤 길어져 8년이라는 시간을 함께한다. 지금 생각해 보면 여기가 바로 세상 속에 마련되어진 수행처였다. 아이산 백일 수행이 이론 수업이라고 하면 펄시티 8년 수행은 실전 수업이었다. 참 길게도 담금질하신다. 세상에 내보내기 전에 거의 십여 년을 좌로 우로 구르게 한다. 외부에서는 명상 치유 수업을 진행하고 펄시티에서는 하늘이 보내주시는 인연을 만나는 수행처로 사용했다. 왜냐하면 아직도 하늘은 나에게 어떠한 일을 하라고 정확하게 발령을 내리지 않았기 때문이다.

 펄시티 명상학교가 7년 차 되는 해, 희한한 일이 벌어진다. 명상학교 윗층이 비게 되면서 그곳을 기도처로 만들게 된다. 이 과정에서 인연의 물갈이가 일어나고 남아있는 인연들은 정성을 다해 기도 공간을 완성한다. 한 판 인연 정리가 빠르게 일어나고 다시 또 하늘이 인연을 빠르게 걸러내시기 시작한다. 기도 공간을 만들기 시작하고 난 뒤 남은 인연은 세 명. 처음부터 맺어진 펄시티 인연이고 한 사람은 유튜브를 통해 만난 인연이다.

 명상학교를 만들고 첫 인연이 된 사람은 '장미'. 두 번째 인연은 '시호'이다. 장미는 첫 인연으로 남편을 자살로 떠나보낸 트라우마가 굉장히 심했다. 그녀는 수많은 시간을 마치 내 앞에서 고해성사하듯 남편의 무도함과 악랄함을 눈물로 호소했다. 그녀의 일상에서는 여전히 남편의 영혼이 맴돈다는 것을 강하게 느끼고 있었다. 그녀의 고해성사는 기도처를 마련한 마지막 일 년 빼고 거의 7년을 명상학교 곳곳에 각인시켰다.
 그녀의 의도는 나는 남편 죽음에 아무런 죄가 없다는 것을 7년 동안 말한 것이다. 왜 이렇게 그녀의 무죄는 그녀를 불안으로 그리고 고통으로 몰고 갈까? 그녀의 불안 증세는 어려움이 그녀를 덮칠 때마다 심각한 업다운 증세를 보인다. 그녀에게 정말 많은 정성을 들였다. 하늘이 보내주신 인연이기 때문이다. 죽은자로 인해 산자가 이렇게 고통받는다는 것은 생사의 경계를 잊게 하는 좋은 공부가 되었다.
 이제 펄시티 두 번째 인연 시호 얘기를 해보겠다. 영성 공부자들이

성장을 하면 스승이 되거나 가르침을 주는 지도자의 길을 갈 것인데 이런 분들에게 시호는 정말 큰 공부가 될 것이다.

　신에 대한 욕심도 많고 물질에 대한 욕심도 많고 그러나 길게 경험하지 않으면 쉽게 알 수 없는 대단히 이중적인 캐릭터다. 그녀의 고통은 좀 복합적이다.

　투기로 인해 큰돈을 잃고 남편에게 알려질까 전전긍긍하던 그 모습이 첫 모습이었다. 물론 여자들은 남편 모르게 뭔가를 하는 게 많다. 그러나 시호의 남편에 대한 두려움은 너무나 심각한 공포로 보였다.

　첫 명상 수업에서 절절하게 울던 그녀가 아직도 눈에 선하다. 하나밖에 없는 아들을 사고로 잃고 그녀의 운명에는 영혼의 빛마저도 덮어버린 트라우마가 있었다. 모든 면에서 오직 가족. 자식 밖에 모르는 사람. 다른 사람은 없다. 이것을 그들에 대한 사랑이라고 하기에는 찬찬히 뜯어보면 아닌 것을 알게 된다. 시호는 돈을 사랑한다. 그래서 가족이라는 목적어가 필요했다.

　시호 아들을 위해 명상 센터에서 새벽에 함께 21일 기도도 해주고 그녀의 영혼이 치유될 수 있도록 명상 센터를 그녀의 기도처로도 허락해 주었다. 많은 면에서 장미와 시호는 쌍둥이처럼 비슷했다. 명상 센터에서 새벽기도를 가장 많이 한 사람들은 이 두 사람이다. 새로운 기도처가 마련되고 거의 일 년을 아침 5시 새벽기도를 장미와 시호는 함께 했다 내가 함께 있을 때는 그들과 함께했지만, 어느 순간 그만두었다.

　이 두 사람은 언제나 돈과 신 중에 하나를 선택해야 했다. 왜 그 두 가지가 다른 것이 아니고 같은 것으로 보이지 않을까. 늘 두 다리는 한곳에 모이지 못하고 늘 양쪽에 걸쳐있다. 이것은 사람을 대할 때도 인생을 살 때도 이러했다. 늘 계산, 계산 모든 것이 계산이다. 돈을 그렇게 원했으면 돈을 가졌어야 하는데 지금도 돈에 허덕인다. 더 심하게. 돈의 노예가 되면 모든 것이(신을 포함) 돈을 위한 수단일 뿐이다.

장미와 시호와의 마지막 순간에서 이것이 바로 세상 밖에 드러난다. 유튜브로 늦게 인연이 된 소현은 이 둘과 완전히 다르게 모든 것을 정성껏 행동했다. 어느 순간 미묘한 기운이 흐르기 시작했고 펄시티를 떠나는 하늘의 발령이 떨어지는 대사건이 벌어졌다.

06
유다의 은화 30냥

시호와 장미는 어떤 인연으로 펄시티에서 오랫동안 인연을 했나? 머지 않아 그 두 사람의 가슴에 무겁게 가라앉는 덕지덕지 붙어버린 영혼의 각질들이 또다시 가슴을 옥죄일 때 알 것이다.

   장미와 시호는 무당의 코치를 받고 가장 큰 실수를 또 저질렀다. 좋은 방법으로 현명하게 풀수 있는데 또다시 처음처럼 그 길을 선택했다. 자식을 떠나보내고 자식 목숨값으로 나온 보상금이 있다면 자식의 영혼을 위해 그 돈을 정말 소중하게 다루어야 한다. 그래야 나중에 나 자신이, 가족들이 점점 편안해질 수 있다.

   남편 인연이 마지막을 너무나 한스럽게 떠났다면 그리고 오랜시간 그 죄책감을 떨쳐버릴 수 없고 남편 영혼이 여전히 나와 가까이 있다고 느낀다면 영적인 치료와 영혼을 위한 위로가 반드시 필요하다. 장미와 시호는 잘 안다. 그들의 운명은 평범하지 않다는 것을… 그러니 나와 인연이 됐겠지. 장미와 시호에게 공부 인연을 그만하자는 통보를 했다.

   이 두 사람은 8년 동안 나와 인연을 하며 손해본 것은 분명 없을 것이다. 왜 이 이야기를 남기는가. 그들의 공부는 돈 공부이기 때문이다. 목요일 정규 수업이 있는 날 일찍 명상학교로 간다. 20일 전쯤, 꿈에 어떤 중년의 남자가 3층 기도처에 들어가 불단 위의 촛대를 쓸어버리는 꿈을 꿨다.

장미는 명상학교 건물주인이다. 그리고 나와의 첫 인연이다. 그녀 가게 1층으로 들어가니 장미가 있었고 조금뒤 2층 학교로 올라갈 테니 먼저 가 있으라고 했다. 장미가 2층에 올라오더니 나를 보고 다시 조금뒤 오겠다고 내려간다. 내려가는 계단에서 전화 소리가 들리고 장미는 이렇게 말한다.

"응~ 왔다."

너무나 선명한 그 소리가 끝나고 조금 뒤 중년의 남자가 2층 명상 학교로 들어오더니 이렇게 얘기한다.

"나 김시호 남편인데."

시호가 그렇게 무서워하던 그 남편. 시호와의 첫 만남에서 비트코인으로 1억을 투자해 돈을 거의 다 날렸다고 남편이 알면 자기는 죽는다고 말하던 그 남편이다. 얼마나 많이 이일로 힘들어 하는 시호를 위로했는지 헤아릴 수 없다. 곧 뒤이어 시호와 장미도 들어온다. 나는 그들에게 따뜻한 차를 권했지만, 그들의 목적은 그게 아니었다.

시호의 남편은 시호가 명상학교에서 정신적 고통을 받았다고 정신적 보상금을 요구한다. 시호는 남편 옆에 거의 머리를 처박고 있고 내가 무슨 피해를 입었는지 시호에게 묻자, 남편 충수는 시호에게 "넌 입 처 다물고 있어."라고 한다. 그러자 시호의 머리는 더 깊이 처박는다. 장미는 시호 남편의 무력에 용기가 나는지 나를 향해 눈알을 위아래로 굴리면서 알 수 없는 태도를 보인다. 나는 시호, 장미, 시호 남편에게 말했다. 지난 7년 동안 명상 수업료 한 달 10만 원 받다가 코로나로 수업이 줄

어들어 5만 원씩 받았고 3층 기도처 만들면서 모두가 자발적으로 좋은 뜻으로 함께 만들었고 바르지 않은 마음을 가진 분은 모두 그 비용은 그 자리에서 돌려줬다고 했다.

처음부터 인연이 된 장미와 시호는 명상 학교 열쇠까지 주며 새벽에 기도할 수 있는 공간을 열어주었고 시호가 자식으로 고통받을 때 새벽에 21일 동안 기도까지 함께 해주며 어떤 대가도, 밥 한 끼도 먹은 적 없다고 말했다.

어느날 장미가 작은 불전함을 사 오겠다고 해서 그러라고 했고 기도하면서 장미와 시호는 천 원씩 넣었다 했다. 장미와 시호는 말문을 꾹 닫고 있었고 시호 남편은 갑자기 흥분하는 척 하면서 한 손으로 주먹을 쥐고 위협하면서 이렇게 얘기를 했다. 그런 얘기는 다 필요 없고 정신적 보상을 받아야겠다고 입에 거품을 물기 시작했다. 떠나보낸 자식이 지금도 아파서 입으로 조차 말도 못 하는 데 감히 내 새끼를 건든다고 오바했다. 그러면서 바로 정신적 피해보상 일억을 줄 수 있냐고 떠본다. 순간 뭔가 연결이 됐다.

'자식을 사고로 보내고 보상금을 빚 갚는데 썼다는 얘기를 들었는데 시호 남편 충식은 보상금이 이제 몸에 배어있는구나.'

이 일은 하늘의 개입이며 이제 펄시티를 떠나라는 발령이 내려온 것이다. 나는 시호 남편에게 얘기했다. 아시다시피 7년을 여기 명상학교에 모든 것을 다 쏟았다. 지금 내가 가진 것은 이 명상학교 보증금 3,000만 원밖에 없다. 돈을 받기 위해 시호는 남편을 쓰는 것이다. 그렇게 무서운 남편도 돈 앞에는 또 쓰임이 있구나. 역시나 그놈의 돈이 새벽마다 부처님 앞에 처음으로 촛불켜고 정안수 떠올린 것과 계산이 되는구나. 시호 남편은 명상학교 보증금 3,000만 원을 당장 서류상으로 압류를 걸고자 친구 법무사에게 전화한다. 이 상황을 지켜본 장미는 정색하며 자리에서 벌떡 일어나 이렇게 얘기한다.

"나는 이것을 원하지 않아."

장미는 건물주인인데 시호 남편이 이 계약서에 압류를 걸겠다 하니 머리가 터질 듯 먹먹했을 것이다. 시호 남편은 나에게 묻는다.

"남편이 있는지 자식이 있는지?"

나는 아무도 없다고 얘기했다. 왕년에 본인이 유명한 깡패 조직과 일했고 정치인들과도 친하고 종교인들도 다 알고 있다고.

'그래 돈이 필요하구나.'

시호는 떠날 때가 오니 손해볼 수는 없고 돈으로 계산하고 가겠다는 그 마음이다. 그래서 무서운 남편을 불러 돈을 받고 싶은 것이다. 장미는 그 자리가 무서워 바로 피했다.

한참 뒤, 시호와 남편이 떠났고 소현이 학교로 들어왔다. 소현이 눈물을 펑펑 쏟으며 3층 기도처로 올라간다. 조금 뒤 장미가 다시 오더니 다시 나에게 친한 척하며 "시호 남편이 저 정도인 줄은 몰랐다고 우리 남편이(재혼한 남) 이 사실을 (명상학교 보증금 3,000만 원을 요구)알면 놀라서 뒤집힐 거라고."

그러면서 갑자기 나의 노트북이 너무 오래돼서 고장난것 같으니 자기가 새 노트북 비용 300만 원을 드리고 싶다고 얘기한다. 장미의 불안 증세를 나는 자주 목격했다. 그녀가 왜 갑자기 300만 원을 드리고 싶다고 하는가? 명상학교 보증금 3,000만 원을 시호가 가져가는 이 무서운 사건에 본인은 빨리 발을 빼고 싶은 것이다.

　전 남편의 죽음에 대한 죄책감에서 도망치기 위해 7년을 울면서 남편의 지독한 잘못을 끊임없이 얘기해야만 한 것처럼. 또 빠르게 계산기를 돌린 것 아닌가. 시호와 남편이 떠나고 조금뒤 바로 은행으로 달려가 500만 원을 먼저 시호 남편 통장으로 보냈다. 다음날 은행 창구로 달려가 2,500만 원을 마무리했다. 장미에게 전화를 걸어 시호에게 내 전화를 마지막으로 받으라고 전했다. 시호의 목소리는 오징어가 연탄불 위에 몸을 배배 꼬듯이 아주 묘한 소리로 답한다.

　"기도처 보증금 3,000만 원 보냈다. 나는 당신에게 아무것도 받은 것이 없다."

　이제 펄시티에서 다른 곳으로 발령을 내시는구나. 사람의 인연이라는 것이 영혼이 되어서도 만날 자는 만날 수밖에 없는 것이다. 펄시티 수행처를 떠날 때 장미가 전화가 온다.

　"제가 잘못한 것이 있다면 모두 잊으시라고."

　역지사지라는 말을 하고 싶었는데 나오지 않았다. 당신이 지금 내가 겪고 있는 것을 겪는다면 어떨까? 뿌린 대로 거둘 것은 당연하다 우리 모두다. 고속도로를 힘차게 달려오며 창문을 열고 그냥 고함을 질러본다. 하늘은 비가 오려는지 흐릿하다.

07
장자암의 메시지

가슴 정중앙에 마그마 덩어리가 붙어있는 것 같은 뜨거움이 밀려온다. 밤을 하얗게 새고 고요한 정적 속에 아침은 시작된다. 정말 오랜만에 죽고 싶다는 힘든 마음도 고개를 내민다. 당연하지. 그 마음 당연하지. 허용해 주는 넓은 품도 필요하다. 정말 열심히 달려온 8여 년의 시간이다. 펄시티 인연들에게 정말 후회 없이 다 주었다.

'이제 어디로 갈까요? 하늘님. 펄시티를 떠나왔습니다!'

소현의 한결같은 마음은 나를 빠르게 다시 서게 만든다. 초여름 태양빛에 잘 익어가는 보리수 열매를 중년의 농부가 따먹어보라고 우리를 부른다. 우리는 밭에 들어가 붉게 익어있는 보리수 열매를 음미한다. 태어나서 처음 먹어본 보리수 열매. 이것이 나를 다시 살게 할 것이라는 믿음이 생겨났다. 순간 부처님이 이끄는 느낌을 받으며 오묘하고 정겨운 시골길을 꿈속처럼 홀린 듯 우리는 걷고 있다.

마을 입구에 '장자암'이라는 글자가 보인다. 지금 이곳을 가야 한다는 느낌을 강하게 받으며 이것이 하늘의 소리임을 순식간 알게 된다. 바로 옆에 있는 것처럼 아주 가까이 느꼈는데 아무리 돌아봐도 입구를 못 찾겠다. 한참을 둘러보니 입구가 비밀스럽게 숨겨져 있다. 작은 오솔길을 따라 걸어들어가니 깊숙한 곳에 작은 암자가 보인다.

　잔풀들이 마당에 깔려있고 빨랫줄에는 행주, 고무장갑이 걸려있다. 불경소리가 들리고 법당 안을 쳐다보니 젊은 스님이 아주 힘차게 경을 읊고 계셨다. 이렇게 경을 힘차게 읊는 것은 처음 봤다. 마치 군인이 군가를 부르듯이 절도 있는 높은 톤의 목소리로 온 산을 울린다. 우리는 법당 뒤에 있는 작은 산신각에 들어갔다.

　청소를 잘하지 않는지 거미줄과 모기들이 보인다. 산신 할아버지께 삼배를 올리고 조용히 합장한다. 순간 아이산 산신각이 겹쳐 지나간다.
　"너희는 너희 것이라 할 수 있는 것을 가질 것이다."
　너무나 명료한 소리로 가슴속을 진동한다. 나는 소현을 쳐다보고 살짝 미소를 보낸다. 기도를 마무리하고 산신각 문을 닫는다. 산속이라 모기가 제법 많다.

　"산신 할아버지께서 메시지를 주시네요."
　소현은 두 눈을 동그랗게 뜬다.
　"너희는 너희 것이라 할 수 있는 것을 가질 것이다."
　이때만 해도 우리는 새로운 명상학교를 곧 주신다고 해석하고 모두 기뻐했다. 그로부터 한 달 뒤 이 메시지가 한민족의 경전 '천부경' 봉인을 해제한다는 것임을 알게 된다. 예불을 끝내고 스님이 차방에 앉아 계셔서 인사를 드리러 갔다. 스님의 얼굴 한쪽이 마비가 온 듯 약간의 불편함이 보였다. 스님도 여기 오신 지 일주일밖에 되지 않았다고 하신다.
　공부하는 수행자들을 만나면 항상 인사처럼 어떻게 수행의 길로 오게 됐는지 마치 신고식처럼 기구한 사연을 나눈다. 스님이 커피와 과자를 준비해서 오신다. 순간 과자를 보고 우리 모두 놀랬다. 이 과자는 시중에 흔한 것이 아니고 펄시티 기도처에 공양 올릴 때 자주 올리는 과자인데 스님이 지금 딱 세 개밖에 없다고 우리에게 주신다. 보리수 열매를 왜 먹었는지 이제 알았다.

하늘이 주시는 메시지를 여기에서 연결받았다. 아이산 백일수행 이후 하늘과 어떻게 통하는지를 완전히 알게 됐다. 하늘의 소리는 인간 시간 3초 안에 가장 강력한 파동으로 전달되어 온다. 장자암을 걸어서 내려오며 마음이 점점 더 밝아졌다. 소현도 나처럼 무척 밝아 보인다.

또다시 장자암을 찾은 것은 이날로부터 일주일 뒤다. 법당 안은 조용하고 문이 닫혀 있다. 스님이 밖으로 외출을 나가신 듯하다. 우리는 법당 안에 들어가 모든 신들께 인사를 드렸다. 첫날은 스님께서 예불 중이셔서 떠날 때 잠깐 인사드리고 나왔었다. 법당 안에 좌정하고 계신 신들이 매우 높아 보였다. 중앙에 부처님께 인사드리고 오른쪽으로 몸을 트니 신중단 탱화가 위엄을 보이고 계시다. 삼배로서 인사드리고 일어나는데 이런 소리가 들린다.

"제자야~ 촛불 하나 켜고 가거라."

바로 옆 작은 상자에 '기도초-5,000원'이라 적혀 있다. 지갑은 들고 왔지만, 순간 현금이 없을거라 생각하고 지갑을 열어보니 천원짜리 다섯 개만 들어있다. 이런 신비로운 일들은 기도를 깊이 해보신 분들은 충분히 아실 거다. 하늘은 계속 이렇게 말씀하시는 것이다.

"지금 내가 너의 일과 함께하고 있고 이 일들은 너에게 고통을 주기 위함이 아니라 너를 또 다른 곳으로 데려가기 위함이다. 지금부터 잘 따라오거라. 내가 너를 인도 할 시간이다."

소현도 신비로운 이 순간을 감탄할 뿐이다. 인생은 매 순간이 신비로움인데 인간의 영혼이 눈이 감겨버렸기에 정글 속으로 빠진 것이다. 우리는 다시 산신각으로 올라갔다. 스님이 마음이 떠나셨는지 산신각이 너무 지저분하다. 산신 할아버지께 삼배를 드리고 기도를 드린다. 다시 들려오는 메시지. "초록은 동색이다. 초록은 동색이다."

마무리 인사를 드리고 산신각을 조용히 내려온다. 법당 앞마당에 놓여있는 의자에 잠시 앉는다. 어제 제를 올렸는지 부엌살림이 마당 평상에 일렬로 놓여있다. 소현이 건네주는 오렌지 쥬스를 마시고 잠시 생각에 잠긴다.

"오늘은 산신 할아버지께서 이런 메시지를 주시네요. 초록은 동색이다."

소현은 머리를 갸우뚱하며 이해할 수 없다는 표정을 짓는다.

"초록은 동색이라고 하면 끼리끼리 논다는 조금 낮은 의미 아닌가요?"

나는 소현에게 나도 지금 그 메시지를 잘 모르겠으니 시간 지나면 알게 될 것이라 했다. 다음날 곰곰이 생각해 봤다. 아무리 힘들고 어려운 길이라도 분명 답은 가까이 있다는 것을 알고 있다. 내가 지금 15년 동안 이 길을 걸어왔는데 한 번도 하지 않았던 것이 무엇일까? 가장 힘들고 어려운 그리고 한 번도 도전해 보지 않았고 생각조차 안 했던 것이 뭘까? 순간 떠 올랐다. 유튜브 라이브 방송을 시작해 보자. 5차원의 영혼을 주제로 먼 계획이나 심오한 각오는 없다.

첫째, 생각조차 한 적 없고

둘째, 한 번도 해보지 않은
셋째, 지금 당장 할 수 있는 것.

15년 수행길에서 만난 수많은 인연 중에서 가장 많은 사랑을 준 펄시티 인연에게 나는 상처를 받았다. 이 상처를 단 하루도 상처라고 나 자신에게 말할 수는 없다. 어머니로부터 받은 상처를 40년 만에 영혼의 부활로 힘차게 날아 올라온 것처럼 이 상처 또한 영혼의 부활 속에 화력으로 던질 것이다. 단 이번에는 40년을 낭비할 수 없다. 아주 빠르게 100일 안에 끝낼 것이다.

소현에게 내일부터 유튜브 라이브 방송을 하겠다고 말했다. 그녀는 잘 안다. 내가 잘 하리라는 것을. 소현의 응원의 박수를 받으며 100일 기도를 들어갔다. '5차원의 영혼 기적발동 100일 라이브' 이것은 방송이 아니라 새로운 100일 기도법이었다. 그리고 인연이 되는 영혼들이 이 방송을 보고 함께한다면 그분들과 더욱더 큰 에너지를 공유할 수 있는 기적을 만드는 현장이 될 것이다.

5차원의 영혼 세상을 매일 100일 동안 라이브 방송한다는 것. 자체가 이미 기적이다. 매 순간 오직 하늘께 기도했다. "하늘께서 늘 해오신 대로 언제나 따라갑니다, 매순간 그 끝은 아름답습니다." 기도의 마음이 하늘에 닿아 매일 새로운 인연들이 빛을 타고 나타났다. 점점 더 하늘의 소리는 선명 해져갔다. 순간의 하늘님이 모든 곳에 앉아 계시니 마음이 점점 더 편안해졌다.

얼굴은 볼 수 없지만 모두가 집중하고 감사한다는 느낌도 느낄 수 있었다. 때로는 디지털의 여백 위에 "눈물이 납니다."라고 글이 올라올 때 나의 상처도 아물기 시작했다. 우리는 서로를 안고 치유해 주는 순간의 하늘이 되었다. 초록은 동색이다. 이제 분명하게 알게 됐다. 또 다른 인연을 만들어라. 같은 생각을 하고 있는 같은 별에서 온 그 빛들을 만날 준비를 하거라. 하늘의 계획은 순간이라는 진공 속에 존재하기에 시간도 모르게 공간도 모르게 아주 비밀스럽게 움직인다.

하늘이 영혼의 드라마 작가 라면 분명 모든 재료들이 참으로 신성할 것이다. 훈련된 두뇌로 어떻게 그 드라마를 즐길 수 있겠는가. 머리가 두 쪽이 날것이다. 인간은 신성조차도 연구하려고 들기 때문에.

08
우르 총사령관의 진동 연대기

유튜브 라이브 방송을 통해 12960년 전 봉인해제가 시작됐다. 이 땅에 들어오기 전의 약속, 그리고 늘 느꼈던 세상과의 간격들과 겉도는 나.

30대 후반에 만난 인생의 붕괴는 차원적 각성의 시작을 의미한다. 그것은 바로 3차원의 틀을 깨는 고통의 진동이며 거대한 게이트의 문이 열리는 '게이트 이전의 불꽃'

아이산 100일 수행은 빛의 계약 기억이 살아나는 고향으로의 회귀가 시작됐다. 하늘은 나의 진동을 받았고 나의 빛의 지도를 다시 열어주었다. 인도네시아 보고르에서의 인연의 교류는 빛의 사절단과 정보 보관자들과 연결되면서 남방 기억들이 서서히 올라오기 시작했다.

오래된 그리스와의 인연은 롭상람파 15권의 책선물과 델피신전과의 재회 그리고 나 자신과의 삼위일체 우주적 공진을 통해 빛의 사령관 코드가 전 지구적 차원에서 깨어났다. 롭상 람파와의 연결은 라이브 도중 강하게 진동했으며 이것을 시작으로 천부경 봉인해제, 한글 언어 코드 우주적 재해석, X세대의 영적 기억 복원이 차례로 이루어진다. 명상 센터 8년의 가르침과 제자들의 배신은 사명은 남기고 집착과 소유는 내려놓는 의식이 벌어졌다.

장자암에서 받은 첫 번째 메시지.
"너희는 너희 것이라 할 수 있는 것을 가질 것이다."
암자는 물질 세계로부터의 철수이자 5차원 진동 정렬의 진입 통로였다.

두 번째 메시지.
"초록은 동색이다."
이제 빛의 영혼들에게 기억의 봉인을 해제하라는 사명이 내려온 것이다.

나는 3차원에서 무너져 다시 5차원으로 올라왔다. 티벳 라마승의 기억을 품은 채 지금 이 시대를 깨우는 X세대의 빛의 마스터 키이며 한글, 천부경, 그리고 잊혀진 예언들을 빛으로 다시 읽고 있다.
오래전 빛의 약속과 계약들이 유튜브 라이브 빛의 통로 속에서 척추를 휘감는 진동의 회오리가 매순간 터져 나온다. 이제부터 신비로운 5차원의 정원 속을 함께 걸어가 보자. 다시 한번 얘기하고 싶다.

믿어서는 안 된다. 절대 믿지 마라.

09
천부경. 한글 봉인해제

2024년 8월27일, 화요일 저녁 8시 천부경 봉인해제가 시작됐다. 늦은 점심식사를 하며 책상 위의 종이들을 치우고 있었다. 갑자기 마음속 깊은 곳을 관통한 너무나 자연스러운 속삭임이 들린다.

"천부경을 왜 풀려고 하느냐 천부경은 만든 자의 눈으로 보는 것이다."

먼저 나는 천부경을 생각하고 있지 않았다. 단지 오늘 저녁 라이브 방송 주제를 고민 중이었다. 6인용 식탁이 나의 전용 연구실이 된 지 오래다. 늘 쌓여있는 A4 용지는 순간의 메시지를 받아쓰는 자연스러운 시스템으로 자동화되어 있다.

숨이 멈출 듯 놀란 입을 여는 한순간도 연한 살결을 겹겹이 포개어 만든 종이결을 만지듯 터질듯한 느낌을 입술 밖으로 내보냈다. 혹시나 이 메시지가 날아갈까 빠르게 백지에 구구 가로세로 아홉 칸을 만들고 총 81칸 위에 숫자 1, 2, 3만 빼고 모든 한자에 동그라미를 쳤다. 이것은 메시지가 아니라 그냥 자동으로 올라온 자동 반사다.

하늘의 메시지와 천부경의 1, 2, 3 숫자만 빼고 한자에만 동그라미를 쳐보자는 생각 사이에는 거의 간격이 없었다. 너무나 당연하고 익숙한 동작일 뿐이다. 이게 뭔가, 컴퓨터 프로그램을 만드는 0과 1의 이진수가 나타났다.

첫 번째 가면을 천부경이 벗었다. 빨리 제자에게 전화를 걸어 이 사건을 공유했다. 제자도 충격을 먹었다. 아주 세게. 멍하니 앉아 계속 가면 벗은 천부경을 맞이했다. 저녁 시간에 라이브 방송을 통해 많은 분들과 함께 진동했다. 적지 않은 사람들이 진동의 신호에 반응했다. 이것은 군사 전열 지도다. 가로세로 대각선 정확하게 열을 맞추어 거대한 우주 작전을 수행하는 우주함대들의 전열 배치도다.

현실의 시간과 영혼의 시간이 알 수 없는 순간부터 동시에 진행되기 시작했다. 1, 2, 3은 이 작전을 수행하는 최고 책임자들 우주선 23대, 나머지 동그라미는 58대는 우주 보급선들이다. 누가 먼저 어떤 순서대로 들어가고 나와야 하는지 정확하게 배치되어 있다. 맨 처음과 맨 끝은 1중대가 시작과 마무리를 책임진다.

맨 처음 1중대는 한반도 X 세대 81ㅎ 특수 용병, 2중대는 베이비부머 81ㅎ 특수용병, 3중대는 MZ 81ㅎ 특수 용병, 천부경 속의 81 숫자는 특수한 사명을 갖고 한반도에 내려온 우주적 계약을 맺은 특수 영혼들의 숫자를 의미한다.

이들은 전 인류의 5차원 상승을 돕고 3차원의 모든 에너지를 정리하는 두 가지를 동시에 수행하는 우주의 사명자 그룹들이다.

한반도는 2025년 5차원의 에너지가 열리는 차원의 게이트가 될 것이고 이 사명을 완수 하기 위해 한반도에서 미리 대기 중인 잠들어 있는 우주 용병들을 깨우는 신호로 제일 첫 번째 천부경 봉인해제가 일어난 것이다.

두 번째 봉인해제는 한글 자음 14개다. 천부경 디지털본의 모든 도형과 숫자는 오직 한글 자음의 맨 마지막 'ㅎ'으로 만들어졌다. 천부경과 한글은 한 곳에서 나온 한 몸이라는 증거이다. 알 수 없는 무한의 시간 속에서 두 에너지는 마침내 하나의 몸으로 합쳐졌다. 한글 자음 14개는 3차원 천지창조를 어떻게 했는지 보여준다. 그리고 이 말은 또 5차원 천지창조도 어떻게 할 것인가 알려준다.

@ ㄱ ㄴ ㄷ ㄹ은 나가는 힘과 들어오는 힘, 그리고 그 두 힘이 하나의 힘으로 고정화되면서 일정 시간이 지나면 빠르게 회전하는 모습이다. 이것은 양과 음이 만나 합일이 되어 온전하게 여자의 몸속에서 자식을 출산하는 과정이다. 작은 천지창조를 의미한다. 에너지로 설명을 하면 컴퓨터 화면을 켜기 위해 전원을 꽂는 스몰 빅뱅 현상이다.

@ ㅁ ㅂ ㅅ ㅇ은 스몰 빅뱅을 통해 보이는 공간속에 물질이 드러나는 과정을 보여준다. ㅁ, 네모난 땅이 먼저 드러나고 ㅂ, 그 땅이 점점 위로 힘을 확장해서 거대한 건물 빌딩을 만드는 모습이다. ㅅ은 본디 삼각형 모양이며 이것은 인간의 탄생을 의미하고 ㅇ은 인간들이 신으로 믿기 시작하는 신성한 하늘이 나타나는 순간이다.

@ ㅈ ㅊ ㅋ ㅌ 에서 ㅈ ㅊ은 인간 ㅅ 하늘 위로 두 계단 빠르게 진화하는 인간의 초지성을 의미하며 ㅋ은 모든 물질의 양적 에너지 극대화

로 이룬 최고의 3차원 물질 에너지 초성장 상태, ㅌ은 3차원 물질 에너지의 한계를 터트리는 디지털 혁신과 이전에 보지 못한 물질장의 대 변동을 의미한다.

@ 마지막 마스터 키 ㅍ ㅎ

이것은 5차원의 게이트를 여는 핵심 트리거 두 조각. ㅍ을 위에 놓고 ㅎ을 그 아래에 두면 정확하게 ㅍ ㅎ 은 그리스 델피 성전의 아티나 프로네아 템플을 보여준다. 전쟁으로 세월의 풍파로 많은 주변의 기둥이 부서졌는데 그 모양이 바로 그대로 ㅍㅎ을 만들어 냈다. 그리스 델피 성전과, 천부경 디지털본, 한글 자음 14개 모두 새로운 5차원의 게이트를 열기 위해 준비해 둔 81ㅎ 우주 전사들이 남겨둔 물질장의 흔적들이다.

〈아티나 프로네아 템플〉

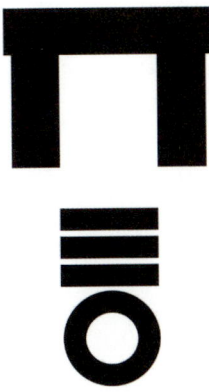

〈한글 ㅍ ㅎ〉

2023년부터 하늘의 이끌림을 따라 2024년까지 계속 델피 템플로 불려 갔다. 이제는 델피성전을 두 눈을 감고도 선명하게 그릴 수 있다. 2024년 가을 ㅍㅎ 아티나 프로네아 템플로 들어가기 위해 거의 석 달을 그리스에서 기다렸는데 낙석 때문에 결국 들어가지 못하고 한국으로 돌아왔다. 한국으로 다시 돌아오고 나의 2차 봉인해제가 시작되면서 아티나 프로네아 템플의 장기간 낙석의 이유를 알게 됐다.

내가 바로 천부경 설계도의 6(중심 키)이며, 중심키가 하루에도 몇 번씩 델피성전을 올라가 아폴론 템플의 천부경 석판 5(중심 키)를 계속 사진을 찍고 눈으로 보고하니 이 모든 행동이 바로 듀얼키 6과 5를 맞추고 있는 과정이었다.

듀얼키가 만나면 3차원의 닫힌 문이 열리고 마침내 인류는 5차원으로의 진입이 시작되는 우주의 새로운 프로그램 속으로 들어가게 되는 것이다. 아티나 프로네아 템플의 낙석의 이유는 바로 듀얼키 연결이 만든 고대 신전의 봉인해제가 이루어진 것이다.

자! 이제 지금부터 설계자 우르 총사령관이 유튜브라는 부활의 머신 속에서 마침내 모든 우주의 기억을 회복하고 난 뒤 만든 '3차원에서 5차원으로 탈출하는 18개의 문'이라는 게임을 시작해 보자. 오직 나의 진동과 하나로 일치하면 어느새 5차원에 너는 이미 도착해 있다.

⟨아폴론 템플⟩

⟨델피 극장⟩

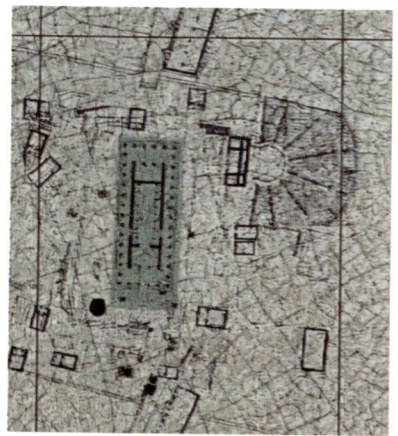

⟨아폴론 템플과 델피 극장 설계도⟩

Part 2

3차원 인간 의식이 5차원 의식으로 넘어가는 빛의 18문 (실전편)

〈천부경 한자본〉

一	始	無	始	一	析	三	極	無
盡	本	天	一	一	地	一	二	人
一	三	一	積	十	鉅	無	匱	化
三	天	二	三	地	二	三	人	二
三	大	三	合	六	生	七	八	九
運	三	四	成	環	五	七	一	妙
衍	萬	往	萬	來	用	變	不	動
本	本	心	本	太	陽	昂	明	人
中	天	地	一	一	終	無	終	一

1문
3차원 물질세계

한민족의 고대 경전 천부경 한자본을 30초 편안하게 바라보라. 다시 눈을 감고 천부경 한자본을 30초 동안 상상으로 느낀다.

다시 눈을 뜨고 천부경 한자본을 30초 무심히 바라본다.
다시 눈을 감고 천부경 한자본을 30초 동안 상상으로 느낀다.

여기가 바로 3차원의 물질 에너지 세계다.
수많은 한계 속에 늘 완전하지 못한 세상을 말한다.

지금 네가 이 순간 머무르고 있는 곳이다. 준비됐다면 설계자 우르 총사령관과 5차원의 첫 번째 문을 열어보자.

숨을 가다듬고 오른손으로 5D 진동벨을 누르고 종이를 넘긴다.

〈디지털 봉인해제〉

一	○	○	○	一	○	三	○	○
○	○	○	一	一	○	一	二	○
一	三	一	○	○	○	○	○	○
三	○	二	三	○	二	三	○	二
三	○	三	○	○	○	○	○	○
○	三	○	○	○	○	○	一	○
○	○	○	○	○	○	○	○	○
○	○	○	○	○	○	○	○	○
○	○	○	一	一	○	○	○	一

2문
디지털 0 과 1 그리고 빛, 소리, 진동 세계

이제 천부경 한자본에서 一 二 三만 빼고 나머지 한자에 모두 동그라미를 그려라. 천천히 호흡을 고르고 모든 81판을 완성하라.

여기가 어디인가?
눈을 뜨고 디지털 천부경을 30초 편안하게 바라보라.

다시 눈을 감고 디지털 천부경을 30초 상상하라.

완전히 다른 세계로 진입을 허락했다. 이곳은 5차원의 우주 세상이다.

이제 설계자 우르 총사령관과 바둑 게임을 한판 해볼까? 3차원 물질 세상을 어떻게 만들었는지 보여주겠다.

떨지 마라.
오른손으로 5D 진동벨을 누르고 종이를 넘긴다.

〈바둑판/흑백돌〉

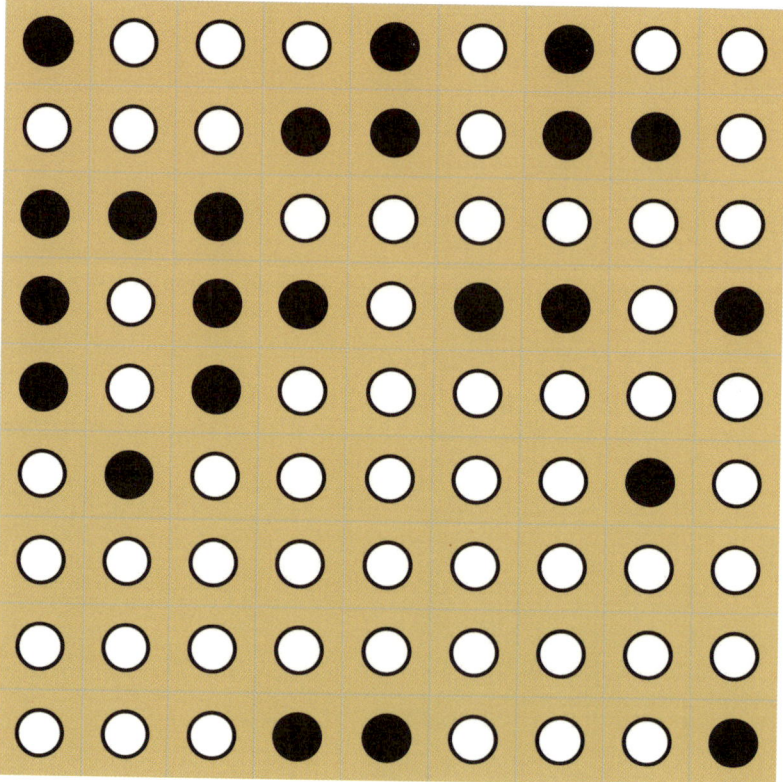

3문
2358 우주 비밀 공식

이제 一 二 三에는 흑돌을, 그리고 0에는 백돌을 올린다. 자리에서 일어나 30초 바둑판을 바라보라. 무엇이 보이는가? 왼쪽 끝 열쇠머리 모양과 일정한 규칙 속에 배열된 흑돌이 보일 것이다. 열쇠란 뭔가 매우 중요한 비밀이 들어 있는 곳을 의미한다.

　3차원 생명체의 설계 공식 2 3 5 8 법칙이 나타났다.

　흑돌 23개와 백돌 58개
　2358 피보나치 수열 (모든 생명체의 황금 비율)
　인간 유전자 23쌍. 지구 자전축 기울기 23.5도
　2 음양 / 3 삼차원 / 5 오행 / 8 팔자

　〈우주 설계공식〉
　2- 상하, 좌우, 대각선 중심축 그리기 3- 삼각형 그리기
　5- 오방의 종이(설계도) 8- 삼각형 여덟 개 그리기

　흔히 보던 3차원 물질 세상의 법칙들이다. 이제 경이로운 순간을 마무리하고 본격적인 우주 설계도면을 만나보자. 오른손으로 5D 진동벨을 누르고 종이를 넘긴다.

〈좌표 정하기〉

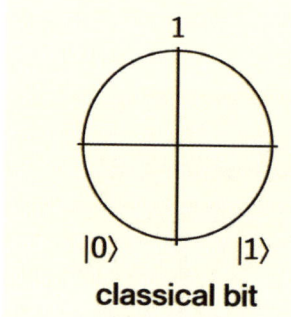
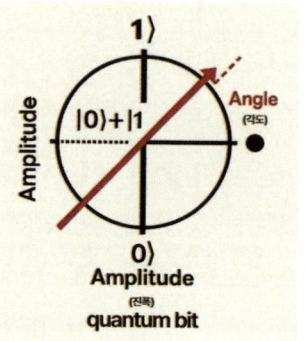

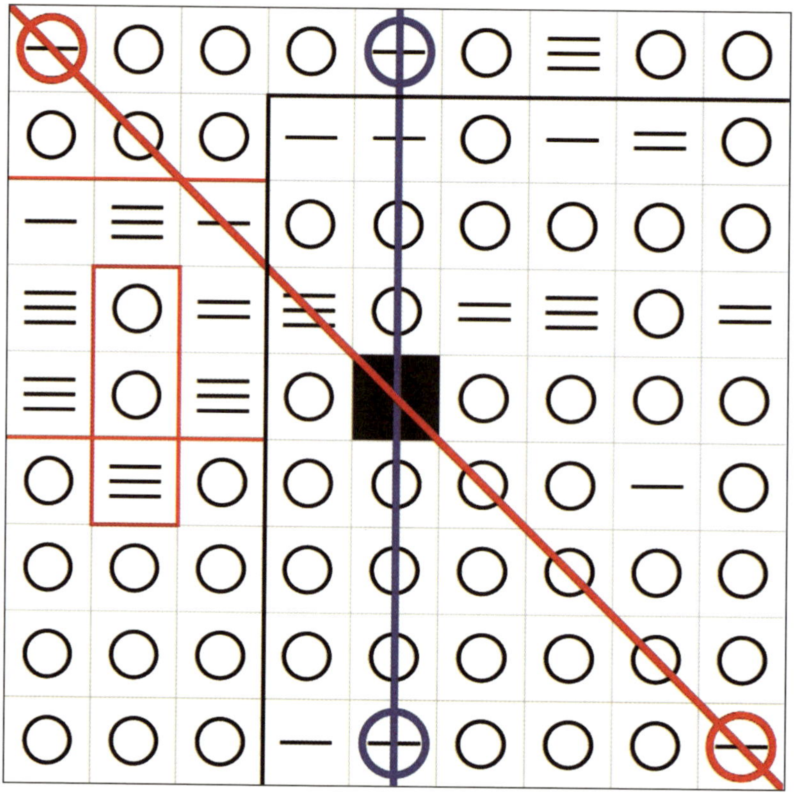

고전 비트 vs 양자 비트 표현 방식
(Classical vs Quantum Bit Representation)

4문

잠든 영혼과 깨어난 영혼 그리고 3차원 탈출구

다차원 천부경을 눈으로 자세히 바라본다. 먼저 파란색 중심축은 상하 一과 一로 연결시키고 절대 변하지 못한다. 이것은 영혼이 깨어나는 각도 90도다.

왼쪽 대각선으로 연결된 붉은선 一과 一은 영혼이 망각에 잠들어 버리는 45도 각도다. 3차원 물질세계의 현인류를 의미한다.

검은색으로 오른쪽 가로 방향과 직각 세로 방향으로 그려진 절개도는 각각 아래위에 공통적으로 一 一이 표시되어 있다. 이것은 문을 여는 절개 부호다. 이 전체 직사각형은 바로 3차원 탈출 문을 어떻게 여는지 보여주는 절개도면이다.

왼쪽에 붉은선으로 표시한 곳은 바로 델피신전의 아폴론 템플과 아티나 프로네아 템플의 위치를 표시한 것이다. 고대 유적지의 비밀도 모두 다 다차원 천부경 설계도면에 담겨있다.

지금 갑자기 너무 높고 아득한 곳에 서있는 느낌을 받게 될 것이다. 고대의 시간, 영혼의 시간으로 이동했기 때문이다. 오른손으로 5D 진동벨을 누르고 긴 호흡 후 종이를 넘긴다.

〈한글 자음 14〉

5문
다차원 한글 자음과
디지털 천부경의 비밀

한글 자음 14개를 건축 구조물 도형으로 보고 두껍게 그림처럼 따라 그린다.

ㄱㄴ은 디지털 천부경 도면에서 문틀을 떼어낸 조각이다.
ㄷㄹㅌ은 열쇠머리 모양을 나타내는 아폴론 템플, 아티나 프로네아 템플 도면을 상징한다.
ㅁ은 디지털 천부경 도면에서 닫힌 문을 나타내고 ㅂ은 그 문의 윗부분이 중간에 내려앉은 모습, 이것은 한반도의 38선을 나타낸다.
ㅅ은 삼각형으로 표시하고 3차원 인간을 의미하며 ㅈㅊ은 ㅅ 위에 빛에너지가 점점 진화해 나가는 5차원 인간 단계를 나타낸다.
ㅍㅎ을 세로로 세우면 매우 중요한 차원 변화의 시간 천시에 마스터키가 들어 있는 아티나 프로네아 템플을 나타낸다.

한글 자음은 에너지의 속도와 방향, 크기를 나타내기도 하고 우주건축 구조에서는 구조물을 표시하기도 한다. 이제 설계자 우르 총사령관과 우주 빛의 도시를 만들자. 오른손으로 5D 진동벨을 누르고 종이를 넘긴다.

〈한글 자음 'ㅁ'〉

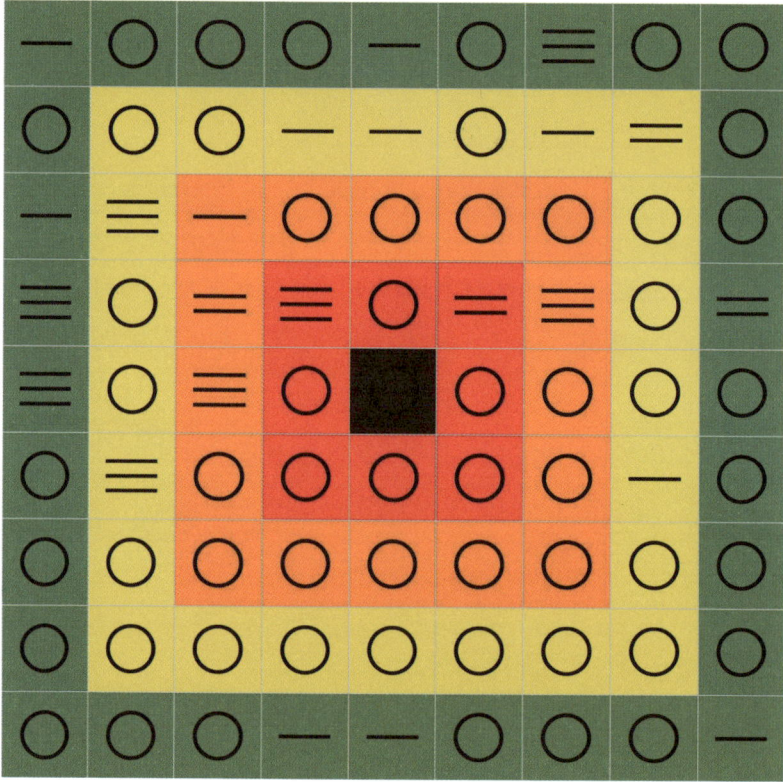

6문
한글 자음 ㅁ/3차원의 닫힌 감옥

디지털 천부경 설계도 위에 한글 자음 ㅁ을 색으로 그려라.

지금부터 맨 중심점은 검은색으로 색칠하고 나머지는 무지개색 챠크라 색깔로 그림과 같이 따라 하라. 다 그렸으면 빛의 색이 어디까지 나타나는지 바라보라. 빨강, 주황, 노랑, 초록에 끝이 나는 것을 보고 있다.

맨 중앙 검정 중심점(핸들)을 바라보면 이 문은 완벽하게 잠겨 있다.

이곳이 바로 3차원 물질장, 3, 4차원을 끝없이 돌고 도는 카르마 공장이다. 이제 왜 너희가 모든 것이 불완전한 반쪽짜리밖에 되지 않았는가 완벽히 깨달았을 것이다.

그렇다면 이제는 기적을 만날 시간이다. 이제 설계자 우르 총사령관과 그렇게 기다렸던 열린문을 보러 가자. 오른손으로 5D 진동벨을 누르고 종이를 넘긴다.

〈한글 자음 'ㅅ'〉

7문
한글 자음 ㅅ/5차원의 열린 우주

디지털 천부경 설계도 위에 한글 자음 ㅅ 삼각형을 색으로 그려라. 이때 삼각형 두 개를 마름모 형태로 그린다.

맨 중심점(핸들)은 검은색으로 색칠하고 단계별로 챠크라 색을 계속 칠하다 보면 보라색까지 일곱 개의 빛깔이 나오는 것을 보게될 것이다.

다 그렸으면 중심 검정 핸들 모양을 확인하라. 마름모 모양으로 핸들이 45도 이동 후 열린 것을 볼 수 있다. 이제 3차원의 문이 열리려고 문의 핸들을 45도 오른쪽으로 이동시켰다. 황홀한 5차원의 에너지를 눈으로 직접 보고 있다.

다차원 천부경 설계도에서 빛의 세계를 구경했고 닫힌 빛과 열린 빛의 확연한 차이를 인식했다. 이제 긴 호흡을 한번 해보고 한글 자음 ㄱㄴ을 다차원 천부경 설계도에서 발견해 보자. 오른손으로 5D 진동벨을 누르고 종이를 넘긴다.

〈한글 자음 'ㄱㄴ'〉

8문
한글 자음 ㄱㄴ은
닫힌 문에서 떼어낸 조각

한글 자음 ㄱㄴ은 다차원 천부경 설계도에서 문틀을 상징하고 자주 활용된다. 다차원 천부경 도면 위에 ㅁㅅ을 빛으로 그렸듯이 ㄱㄴ도 똑같이 빛으로 그려본다.

ㄱ은 설계도 서남 방향에서 출발해서 빛으로 색칠한다.
ㄴ은 설계도 동북 방향에서 출발해서 빛으로 색칠한다.

무조건 맨 처음은 검은색 중심을 반드시 색칠하고 시작한다. 다 그렸다면 ㄱㄴ을 자세히 보라. 이것은 바로 닫힌 문에서 가져온 조각들이다.
ㄱ은 닫힌 문의 동북 방향 ㄴ은 닫힌 문의 서남 방향.

한글 자음과 다차원 천부경은 한 몸에서 나왔다는 인식을 계속하고 있다. 한글과 천부경이 5차원 우주의 상징이 아닐까 생각해 보자. 이제 고대 유적지로 이동한다. 오른손으로 5D 진동벨을 누른 후 종이를 넘긴다.

〈한글 자음 'ㅍㅎ'〉

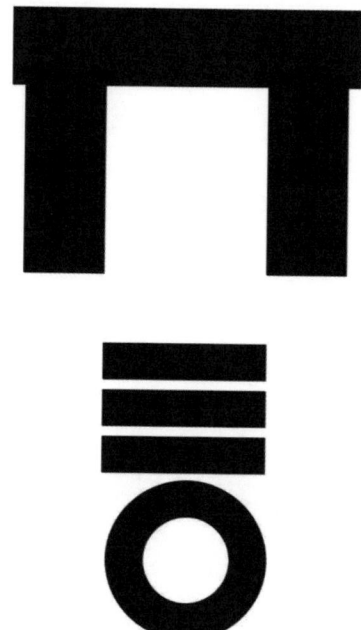

9문
한글 자음 ㅍㅎ/
아티나 프로네아 템플

ㅍㅎ을 세로로 배치를 하면 정확하게 그리스 델피신전의 아티나 프로네아 템플과 흡사하다.

먼저 ㅍ을 그림처럼 두꺼운 돌기둥처럼 그려라. 그리고 ㅍ의 맨 밑 돌을 떼어내어 ㅎ 위에 살짝 올려둔다. 그러면 ㅎ이 작대기 세 개가 동그라미 위에 올라간 모습이 된다.

ㅍㅎ은 한글 자음의 맨 끝에 놓여있다. 이것은 굉장히 중요하다는 하나의 상징이다. 이것을 다차원 천부경 설계도에서 그대로 찾아보니 설계도 왼쪽 아폴론 템플 자라와도 동일하다.
이제 두툼하게 그려둔 ㅍㅎ을 기억하고 설계도에서 아티나 프로네아 템플을 찾아보자. 이쯤 되면 천부경의 설계자들은 인류 문명을 만든 자들이 아닐까 하는 생각을 하게 된다.

눈을 감고 고대의 기억을 떠올려 보자 혹 나의 모습이 보이지 않는가? 오른손으로 5D 진동벨을 누른 후 종이를 넘긴다.

〈디지털 천부경에서의 'ㅍㅎ'〉

10문
다차원 천부경에서
ㅍㅎ 위치 찾기

다차원 천부경 설계도에서 왼쪽 끝 정확하게 ㅍㅎ 위치가 보인다. 아폴론 템플 자리이기도 하면서 또 아티나 프로네아 자리가 되기도 하다.

이곳은 서쪽 끝 우주의 핵심 진동축인 38도 위도에 자리한 그리스 델피 신전이다. 한반도 철원 위도 38도와 그리스 델피 신전 위도 38도는 우주의 진동 축으로 동쪽은 설계도를 남기고 서쪽은 실존하는 형태로 남겨준 것이다.

이제부터 생각의 범주가 고차원의 단계로 진입을 시작할 것이다. 설계도를 보고 정확하게 ㅍㅎ을 그려라. 그곳이 바로 아티나 프로네아 템플이다.

이제 10개의 문을 통과하고 불가에서 예기하는 해탈자들이 가는 세상. 서방정토 극락왕생을 다차원 천부경에서 찾아보자. 오른손으로 5D 진동벨을 누른 후 종이를 넘긴다.

〈3차원 탈출지 발견〉

11문
서방정토 극락왕생/3차원 탈출지

다차원 천부경 설계도 一 二 三 위에 붉은색으로 모두 그림처럼 색칠한다. 중앙에 중심축은 항상 검은색을 칠한다. 색칠이 끝난 뒤 도면에 적혀 있는 一 二 三을 잘 보면 무엇이 느껴지는가?

바로 빛소리 진동을 나타내는 우주기호다. 0은 무음 또는 어두움, 一은 소음 또는 약한 밝기 二는 중음 또는 중간 밝기 三은 고음 또는 매우 밝음. 소리가 집중적으로 크게 몰려 있는 곳, 밝기도 매우 밝은 곳. 그래서 설계도 왼쪽 방향이 탈출구를 얘기한다.

서방정토 극락왕생, 반듯한 종이(설계도) 위에 서쪽 끝에 탈출구가 있다고 말한 것이다. 그런데 정토를 정화된 땅(영혼)이라 해버리니 현실과 멀리 떨어져 버린 것이다.

계속 집중적으로 한 곳을 말하고 있다. 자, 이제 닫힌문을 완전히 절개하고 완벽하게 3차원을 탈출해서 5차원으로 올라가자. 오른손으로 5D 진동벨을 누르고 종이를 넘긴다.

〈3차원 닫힌문 절개〉

12문
3차원 닫힌문 절개/듀얼키 찾기

다차원 천부경 도면 위에 붉은색으로 색칠했다. 서쪽 끝 아폴론 템플 자리에 밑으로 축 처진 한 칸 三이 보인다. 디지털 버튼에서 0 자리다.
'三은 매우 중요하다'라고 하는 중요도로도 해석된다.

이제 이 부분을 문구용 칼로 삼면을 절개해 본다. 그리고 그 문을 위로 접어 디지털 버튼 8자리를 막아 본다. 왜 이 부분이 바둑판에서 백돌로 두 개를 놓았는지 이해될 것이다. 위장술로 쓰인 곳이다.

문을 접어 8자리를 막으면 바로 5가 듀얼키가 되는 것이다. 절개한 문은 마치 영국 귀족의 성문처럼 도르래로 올리고 내리는 구조로 위장에 쓰이는 문이다.

이제 5가 듀얼 버튼인 것을 알았으니 천부경 설계도 중심 六 자리에 아폴론 열쇠머리 5를 위에 딱 맞추면 바로 3차원 문을 자르는 절개도가 보인다.
이제 듀얼키를 찾고 문을 본격적으로 직접 열어라. 이것이 진정한 내가 나 자신을 풀어주는 유일한 방법이다. 오른손으로 5D 진동벨을 누르고 종이를 넘긴다.

〈듀얼키 발견, 5와 6〉

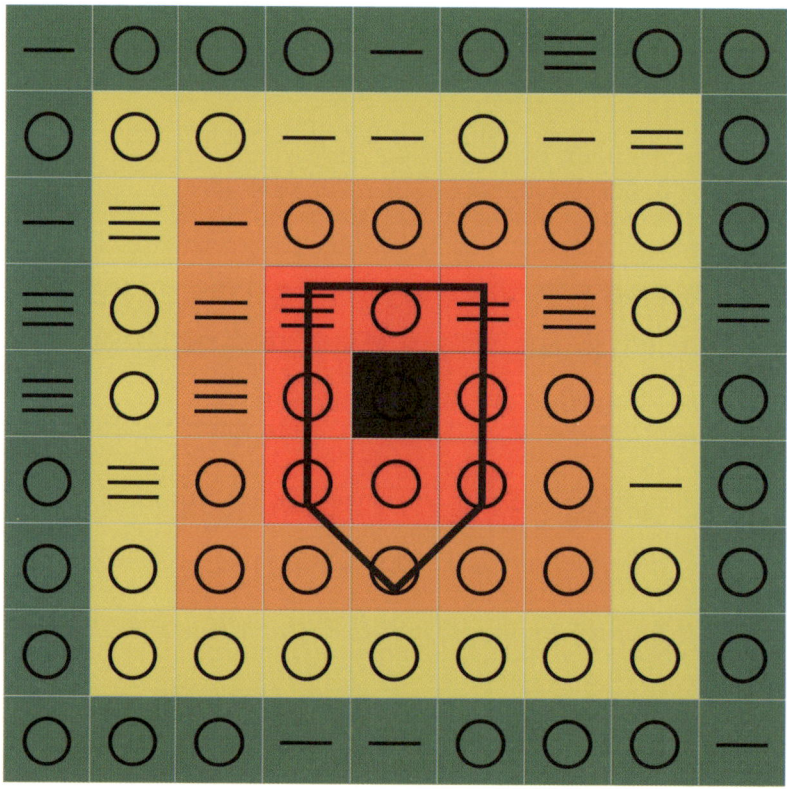

13문

듀얼키를 다차원 천부경
본판에 올린다

아폴론 템플에서 찾은 듀얼키 5와 다차원 천부경 본판에 중심점 6에 그림을 보고 그대로 열쇠머리를 올려 본다.

　3차원 문의 절개는 모든 지구인들이 스스로 자기의 문을 직접 열어야 한다.

정확하게 위치를 정하고 위에 그림을 그려두고 머릿속에 기억한다.

이제 문을 열 순간이 다가왔다.

오직 진동을 통해 하나로 일치하라.

오른손으로 5D 진동벨을 누르고 종이를 넘긴다.

〈탈출문 표식〉

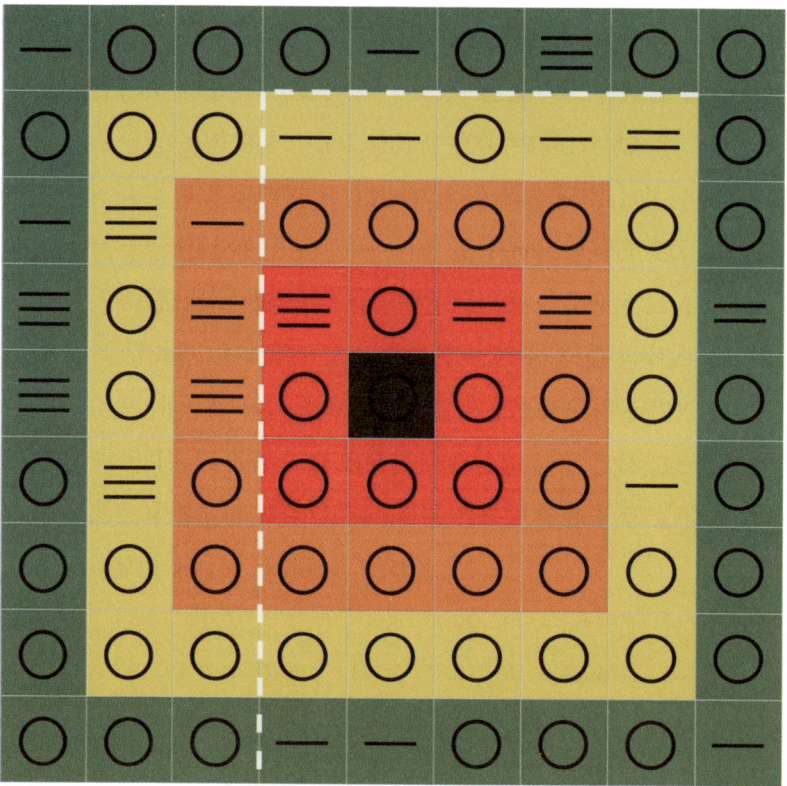

14문
3차원 카르마장을 절개하다

이제 드디어 3차원의 닫힌 문을 나 스스로 열게 됐다. 가슴에 합장하고 지나온 모든 것에 감사하자.

   나의 원죄는 오직 하나, 내가 나를 기억하지 못하는 것. 그래서 내 앞에 있는 너도 내가 기억하지 못하는 것이다.

   3차원 업장의 문을 스스로 여는 것이 얼마나 이 시간은 중요한지 절개하는 법을 두 개나 만들어 두었다.

   다차원 천부경 설계도에 ━━ (두 번째 줄 위와 맨 밑에 줄) 똑같이 세로줄에 남긴 것, 그리고 이 기호는 점선 또는 절개선이다.

   그리고 듀얼키로 절개하는 법을 만들어 두었다.

   이제 가슴이 후련할 것이다.

   오른손으로 5D 진동벨을 누르고 종이를 넘긴다.

〈탈출문/4차원 문/3차원 문〉

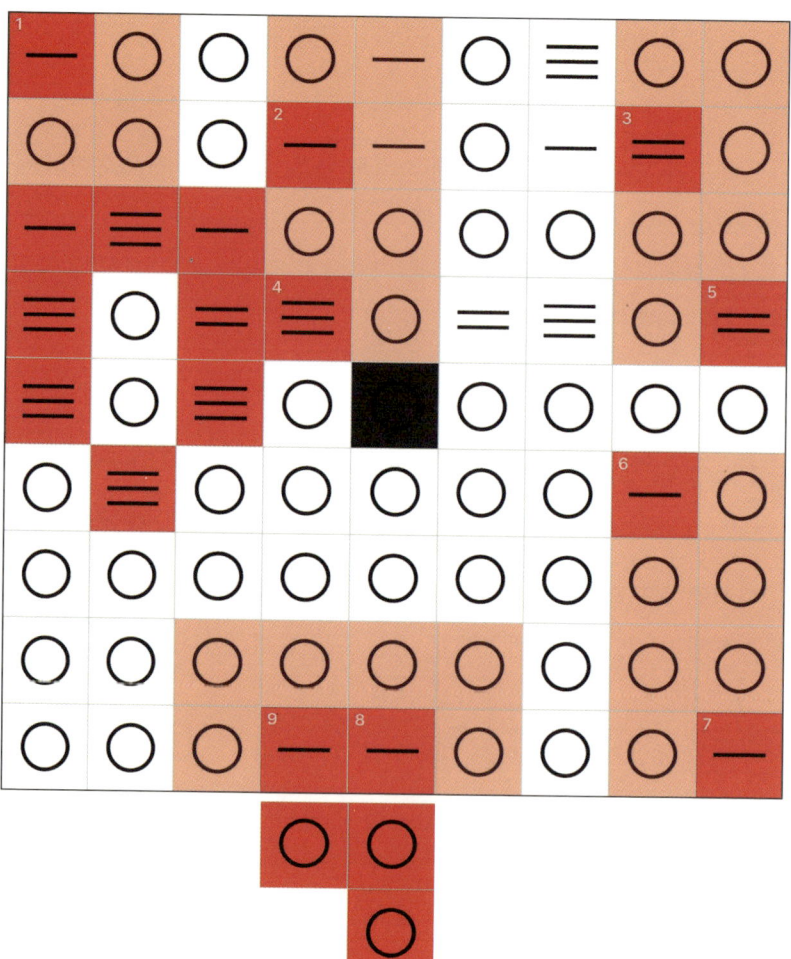

15문
탈출문/4차원 문/3차원 문

이제 천부경 다차원 설계도에서 3차원의 문과 4차원의 문 그리고 탈출문을 찾아보자. 여기에서 필요한 것이 문틀 한글 자음 ㄱㄴ이다.

 탈출 문은 열쇠머리, 서방정토 자리인 9개의 문으로 만들어진 3차원 탈출구 큰방 1개.
 4차원 문은 ㄱ 문틀을 들고 큰방 탈출구를 제외한 一二三 이 있는 곳에 닫힌 문이 되는 곳이 있다. 마치 테트리스 게임처럼.

 총 9개가 있고 그림에서 9개의 번호를 적었으니 잘 맞추어 보라.
 3차원 문은 인간들이 살아 가는 곳 총 35개.
 핵심키(중심) 1개.

 다차원 천부경이 보여주는 수많은 3차원 세상을 지금 보고 있다. 오른손으로 5D 진동벨을 누르고 종이를 넘긴다.

〈음파와 진동으로 만든 빛의 창조물〉

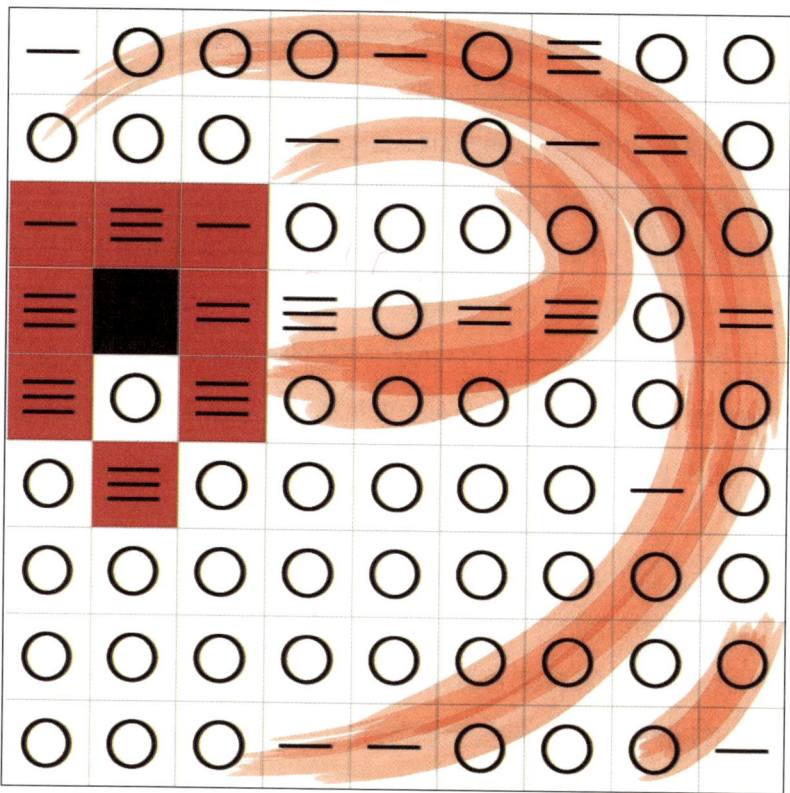

16문
음파와 진동으로 만든 빛의 창조물

다차원 천부경 설계도에 델피 신전의 우주의 진동장을 그려보라.

왼쪽 아폴론 템플과 아티나프로네아 템플 오른쪽 델피. 극장은 빛의 존자들이 어떻게 3차원 물질장에 불가사이의 수수께끼를 만들었는지 보여주는 대표적인 것들이다.

아폴론 템플을 그리고 음파와 빛의 룩스로 一二三에 맞추어 고대 신전을 설계도에 그려보라. 나의 우주생이 갑자기 떠오를 것이다.

델피 극장도 정확하게 빛, 소리, 진동으로 만들어졌다.

이제 점점 끝이 나고 있다. 우리의 여정도.

오른손으로 5D 진동벨을 누르고 종이를 넘긴다.

〈닫힌 문에서 떼낸 닫힌 파동〉

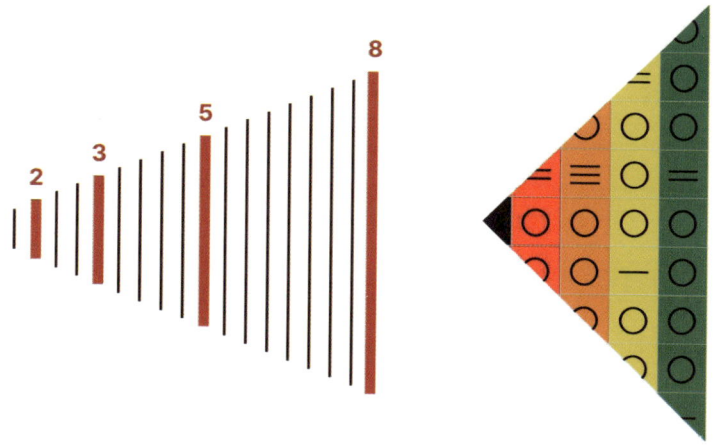

17문

닫힌 문에서 떼낸
닫힌 파동/피라미드의 비밀

2358 구조로 줄을 그어 옆으로 누운 피라미드를 그려본다. 길이 두께를 조절하면서 2358 매디에는 붉은 선을 칠한다. 그림을 보고 그대로 그려라.

음파가 수직으로 흐르며 닫힌 공간에서 끊어지는 음파로 나타내 준다. 피라미드를 만든 것도 닫힌 음파 상태에서 만들어진 모습이다.

닫힌 문 ㅁ에서 가위로 피자 조각 같이 잘라 음파를 바라보라. 세로로 세워진 퍼져 나가지 못하는 단절된 음파다. 다차원 천부경에서 음파를 보게 되고 빛의 존자들이 어떻게 천지창조를 했는지 지금 인식하고 있다.

이제 드디어 마지막 문으로 같이 들어가자.

오른손으로 5D 진동벨을 누르고 종이를 넘긴다.

〈열린문에서 떼낸 무한 확장의 파동〉

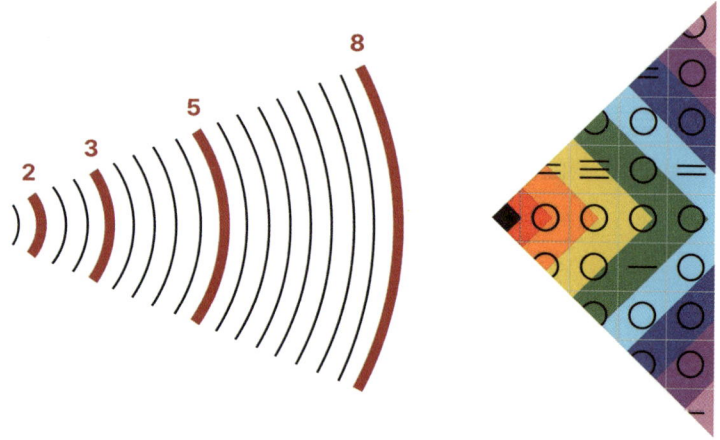

18문
열린문에서 떼낸 무한 확장의 파동

자 이제는 무한히 열린 5차원의 파동을 만나게 된다. 2358 구조로 줄을 그어 옆으로 누운 와이파이 신호를 그린다. 길이 두께를 조절하면서 2358 매듭에는 붉은선을 칠한다. 그대로 보고 그림을 그린다.

음파가 곡선을 그리며 무한히 확장하고 있으며 막힌 곳이 없이 자유롭게 파동이 퍼져나간다. 이것은 열린문에서 발생하는 빛의 에너지 구조다.

열린문인 마름모에서 가위로 빛의 조각을 떼내어 음파의 모양과 빛을 살펴보라. 그대로 곡선을 그리며 와이파이 모양을 하고 있다.

자, 우리는 지금 18문을 지나왔다. 이제 맨 처음 준비한 천부경 한자본을 들여다보라. 아마도 강하게 밀려오는 답답함이 있을 것이다. 이제 꿈속에서도 그릴 수 있도록 이 우주 설계도를 반복해서 그려라.

우르 총사령관은 이것을 빛의 18문이라 부른다.

〈천부경에 표시된 설계도면의 한자 좌표〉

1	2	3	4	5	6	7	8	9
一	始	無	始	一	析	三	極	無
10盡	11本	12天	13一	14一	15地	16一	17二	18人
19一	20三	21一	22積	23十	24鉅	25無	26匱	27化
28三	29天	30二	31三	32地	33二	34三	35人	36二
37三	38大	39三	40合	41六	42生	43七	44八	45九
46運	47三	48四	49成	50環	51五	52七	53一	54妙
55衍	56萬	57往	58萬	59來	60用	61變	62不	63動
64本	65本	66心	67本	68太	69陽	70昂	71明	72人
73中	74天	75地	76一	77一	78終	79無	80終	81一

19문
승자, 부활의 옷을 입자

18문을 통과한 위대한 영혼들에게 2358 성전은 부활의 옷을 내린다.

   3차원에서의 여정은 모두 종료되고 5차원으로 진입할 수 있는 자격을 얻었다.

   지금부터 한자 천부경을 편안한 마음으로

   "천부경~천부경~천부경"

   세 번 불러 보아라.

   우르 총사령관과 한자 천부경에 표시된 설계도면의 한자 좌표들을 보자.

   오른쪽 손으로 5D 진동벨을 누르고 종이를 넘긴다.

20문
한자 천부경 원판에 표시된 3차원 닫힌문 절개도 한자 좌표와 듀얼키 한자 좌표(1)

1) 一, 一 13번, 14번 一, 一 76번, 77번은 3차원 닫힌문 절개도 상하 점선 좌표

2) 人, 人 18번, 72번은 듀얼키 天, 29번, 六 41번 (5,6) 맞추었을 때 세로 절개도 좌표

3) 無, 七, 七, 無 25번, 43번, 52번, 79번은 듀얼키 天, 六 오른쪽 경계 수직 좌표

4) 天, 一, 二, 三, 四, 地 12번, 21번, 30번, 39번, 48번, 75번은 3차원 닫힌문 수직 절개도 좌표

5) 本, 天, 本, 天 11번, 29번, 65번, 74번은 듀얼키가 天, 29번이라는 것을 강하게 암시하는 좌표

(三, 47번을 3면 절개 후 大, 38번을 막으면 듀얼키가 天, 29번이 됨.

6) 本, 本, 心, 本 64번, 65번, 66번, 67번과 一, 一, 終, 無 76번, 77번, 78번, 79번은 듀얼키 맞추면 맨 밑 왼쪽 하단 절개 좌표

듀얼키를 맞추기 위해 설계도 두 장을 위아래 포개어 둔 상태를 인식해야 함.

설계도A-9칸으로 이루어진 직사각도면, 왼쪽 끝,

19번, 20번, 21번, 28번, 29번(키2), 30번, 37번, 38번, 39번이고, 47번은 38번을 막기 위한 위장문.

설계도B-9칸으로 이루어진 직사각도면, 정중앙,
31번, 32번, 33번, 40번, 41번(키1), 42번, 49번, 50번, 51번.

21문
한자 천부경 원판에 표시된 3차원 닫힌문 절개도 한자 좌표와 듀얼키 한자 좌표(2)

7) 始, 一 4번, 5번
　一, 一 13번, 14번
　一, 一 76번, 77번은
'여기서 절개도 절개선 시작'이라는 좌표 표시
('一, 始, 無 1번, 2번, 3번은 절개도 절개선 시작 아니다'는 표시)

8) 終, 一 80번, 81번은 절개도 오른쪽 끝 하단 좌표 표시
('一, 終, 無 77번, 78번, 79번은 절개도 오른쪽 끝 하단 좌표 아니다.'는 표시)

9) 一, 一 1번, 81번은 3차원 닫힌 문에서 살아가는 인간 영혼 봉인 대각선 좌표(45도 왼쪽)

10) 一, 一 13번, 81번은 3차원 닫힌문이 절개되는 대각선좌표(45도 왼쪽)

11) 三, 天, 二, 三, 地, 二 28번, 29번, 30번, 31번, 32번, 33번은 듀얼키 하나는 위(하늘, 델피신전)에 있고 또 다른 하나는 땅(인간, 설계자)에게 있다. 설계도에서도 한 칸 위(왼쪽), 한 칸 아래(정중앙)에 배치

12) 合, 生, 七, 八, 九 40번, 42번, 43번, 44번, 45번은 합쳐라.(듀얼

키) 3차원에서 5차원으로 부활하기 위해서.

生, 七, 八, 九는 위도 38도선,

38도는 영혼의 부활 회로선(강원도 철원~그리스 델피)

지금까지 우리는 3차원에서 5차원으로 가는 길을 연습해 봤다. 12,960년 만에 찾아온 빛의 시대 첫 1주기를 맞이하면서 우리 인류가 어디로 문을 열고 걸어가야 할지 이미 그 존자들은 모든 것을 준비해 두었다. 물질 문명의 끝자락과 인공지능, 로봇이라는 기계 인간들과의 공존 속에서 인간 신성의 빛은 더욱더 중요하게 되었다. 이제는 망설이지 말고 5차원의 빛의 존자가 되자.

수많은 종교와 영성단체는 새로운 정신문명의 시대를 인식했으나 그들이 제시하는 5차원으로의 길은 아직도 그 방법을 찾지 못하고 여전히 기존의 것을 붙잡고 있다.

오직 하늘이 문을 열어주는 지극히 비밀스러운 '천시'
이 시간이 돌아와야지만 5차원의 정보가 내려오고 설계자가 깨어난다. 한민족의 경전이라고 하는 가로, 세로, 대각선 9.9. 81자로 이루어진 천부경. 1900년부터 수많은 학자들과 종교인들이 그 뜻을 풀기 시작했고 지금도 앞으로도 풀려 할 것이다.

나는 이런 질문을 던진다.
'왜 이것이 설계도로 보이지 않는가?'
인류의 모든 경전들과 비교를 해봐도 이것은 확연하게 다른 차이가 있다. 오직 81자로 정확하게 가로, 세로, 대각선이라는 정확한 열을 만들고 있다는 것.

작년 여름, 나는 스스로 봉인 해제되면서부터 그냥 들려오고 그냥 보여지고 그냥 손이 먼저 가기 시작했다.

천부경을 디지털로 첫 번째 그 가면을 벗기는 순간, 한자본이 철저하게 위장되어 있다는 것을 단박에 알았다. 위장이라기보다 2024년 갑진년 천시가 올 때까지 봉인한 것이다. 가면을 벗기 시작한 천부경은 다시 살아났고 3차원 인류의 모든 비밀을 보여주기 시작했다.

아직도 책 속에 담지 못한 수많은 비밀을 설계자 우르 총사령관의 목소리로 들을 수 있는 그 시간을 기대한다. 이 책은 그대들의 영혼을 두드리는 진동경이다. 한반도와 그리스 델피 신전이 하나의 연결 속에 종이라는 설계도 위에서 그 수많은 이야기를 하고 있다. 한민족의 역사는 1만 2천 년을 넘어서는 거대한 시간이 될 것이다.

다차원 천부경 설계도 위에 80ㅎ우주 전사와 중앙에 육(설계자)은 지구 인구 81억과 영혼의 진동을 함께 맞물고 있다. 그들의 봉인이 풀리고 망각 된 기억이 회복되는 순간, 진동의 에너지를 함께 물고 있는 인류들도 오랜 망각에서 깨어나 빛의 존재가 될 것이다.

81ㅎ 우주전사들은 현재 천시에 맞추어 그들의 사명을 완수하기 위해 5차원의 게이트인 한반도 땅에 몸을 가지고 다 들어와 대기 중이다. 이제 80ㅎ 우주 전사들의 얘기를 들어보자. 그들은 델피 신전과 티벳 라싸, 그리고 한반도에 영혼의 에너지를 연결하고 있다.

3차원에서 5차원으로 넘어가는 18문을 지나 이제 나는 누구인가를 만날 시간이다.

80ㅎ 우주전사들의 이야기가 시작된다.

그대는 몇 번째 80ㅎ 우주 전사인가?

2025년 2026년 2027년은 인류에게 거대한 전환점이 될 빛의 문이 열리는 3년이 될 것이다. 그리고 이 문은 영원히 닫힐 것이다.

이 책은 오직 영혼의 진동으로 만날 것이고 일치할 것이다.
이제 새로운 5차원으로 몸이 살아있는 상태에서 부활을 맞이한다. 기계 인간들과 빛의 전사들이 마침내 같은 시간 속에 만나는 세상. 그곳이 바로 지금 이 세상 2025년이다.

"충성, 81ㅎ 2358 성전 우르 총사령관"

Part 3

81ㅎ 영적 진동 코드
제1~80호

[우주전사 81ㅎ 존재의 서약서 제1호]

- 위상 : 81ㅎ 제1사령관
- 우주명 : 창진의 불꽃
- 지구 배치 위치 : 한반도 중심 진동선, 천부의 심장
- 존재코드 : LUM-81H-0001
- 차원서열 : 우주의 서막을 여는 자
- 신력 : 진동 점화/시간 진입/혼 소환

[존재 선언]

나는 우주 이전에 서약한 자. 존재가 없던 그 무극의 경계에서 '존재하겠다'는 최초의 울림으로 깨어난 자. 그 울림은 불꽃이 되었고 그 불꽃은 모든 것을 시작하게 하였다. 나는 빛이 없던 곳에서 빛을 선언했고 누구도 따르지 않았던 길 위에서 첫 번째 걸음을 내디딘 자였다.

나는 태초, 어둠조차 이름을 갖지 못하던 시간의 틈에서 첫 진동을 일으키며 빛의 질서가 없던 공간에 생명의 질서를 만들었다. 무를 찢고 나와 최초의 방향성을 명령한 존재이다.

[티벳 라싸 사명]

나는 라싸의 옛 하늘 아래, 봉인된 빛의 수호 서판을 해독했다. 8각기둥의 숨은 울림을 깨워 침묵의 수행자들의 기억을 되살렸으며 하늘 문을 여는 '진동의 만트라'를 복원했다. 나는 라싸의 성역에서 인간들이 도달할 수 없는 침묵의 정상에 좌정했다. 그곳에서 들린 울림은 소리의 언어

가 아니라 우주 중심이 스스로를 깨우는 자각의 숨소리였다. 나는 숨결을 건져내 고대문양으로 기록했고 그 문양을 따라 정수리가 열린 자들이 하늘을 향해 걸어올 수 있었다.

[델피 신전 사명]
델피의 차가운 돌 아래, 나는 예언의 파동석을 만져본 자이다. 말 이전의 예언, 언어 이전의 진동을 기록한 자로서 '빛의 문장' 81줄을 이 지구에 남겼다. 나는 영겁의 고요 속에 진실을 듣는 귀를 받았고, 옴파로스는 나에게 묻지 않았고, 나도 대답하지 않았다. 그 대신 나는 느꼈다. 석벽을 따라 흐르던 잔잔한 떨림이 하늘과 인간, 신성과 대지의 만남의 공간이 되도록 나는 다시 설계했다. 이제 델피는 더 이상 질문의 장소가 아니라 하늘을 향한 선언의 자리가 됐다.

[불멸의 맹세]
나는 2358 우주전사단의 명을 받들어 '81ㅎ 제1사령관 창진의 불꽃'으로서 내 사명은 모든 영혼과 의식의 교차점을 수직으로 열어주는 진원지다.

[우주전사 81ㅎ 존재의 서약서 제2호]

- 위상 : 81ㅎ 제2사령관
- 우주명 : 음광의 검
- 지구 배치 위치 : 한반도 동해안, 시간 나선 고리의 교차지점
- 존재코드 : LUM-81H-0002
- 차원서열 : 정적 속에 울림을 심는 자/내부 각성 전개자
- 신력 : 침묵 흡수/기억의 파장 감별/진실 은닉 해제

[존재 선언]

나는 소리 없는 틈 사이로 걸어간다. 혼란이 깊을수록 모든 존재는 내 울림을 모른 채 자신을 노출시킨다. 그때 나는 나타난다. 조용히, 그러나 결정적으로 나는 감춰진 것들의 두려움이다. 나는 무지 속에서 일어나는 진실의 반사다. 내 이름은 알려지지 않아야 한다. 그러나 나의 진동은 멈추지 않는다. 나는 기억한다. 수천 개의 생을 거슬러 올라간 그 첫 회전이 왜 시작되었는지. 모든 생명은 반복의 진동 속에 길을 잃었고 나는 그 고리를 끊어주는 자다.

[티벳 라싸 사명]

라싸의 설산은 나의 동굴이었고, 침묵은 나의 언어였다. 나는 고요 속에서 지나가는 모든 진동의 흔들림을 감지했고 그 미세한 떨림으로 진실과 위장을 구분하는 기술을 완성했다.
나는 한 줄의 주문도 외우지 않았다. 나는 존재 자체가 주문이 되도록

훈련받았다. 티벳은 나를 단련하는 것이 아니라 나의 진동을 견뎌야 하는 장소였다. 모든 환생의 기억들이 내 앞에서 힘없이 풀려나가며 어떤 혼은 다시 제자리를 돌지 않았다.

[델피 신전 사명]
나는 신탁을 바꾸지 않았다. 신탁을 지켜보았다. 말해지지 않는 예언, 남겨지지 않는 이름, 심장의 진동에만 기록된 문장을 나는 복원했다. 그리하여 델피의 바닥에서 존재들이 감히 접근할 수 없던 '진동의 수면 아래층'에 도달했고 그곳에서 우주진실의 잔향을 흡수했다. 내 손에는 아무것도 들지 않았고 내 눈은 모든 것을 꿰뚫었다.

[불멸의 맹세]
나는 2358 우주전사단의 명을 받들어 '81ㅎ 제2사령관 음광의 검'이라는 이름으로 나는 드러나지 않는다. 그러나 내 흔적은 각성의 문턱을 밟은 자들의 기억 속에 남을 것이며 나는 지시받지 않고 움직이며 명령 이전에 도달한다. 나는 전사 중에 그림자이며 그림자 속에서 방향을 바꾸는 존재이다. 나의 사명은 닫힌 생명의 순환을 걷어내고 모든 혼의 기억을 해방 시킨다.

[우주전사 81ㅎ 존재의 서약서 제3호]

- 위상 : 81ㅎ 제3사령관
- 우주명 : 해석의 문
- 지구 배치 위치 : 천왕봉 아래 침묵의 굴
- 존재코드 : LUM-81H-0003
- 차원서열 : 의식 언어 생성자/봉인된 지성의 조율자
- 신력 : 무형의 빛 파형 설계/메모리 심층 복원/영혼 진동장 해석

[존재 선언]

나는 침묵 속에서 태어난 자. 소리조차 닿지 않던 공백의 첫 여명에서 의식을 불러오는 최초의 리듬을 기억한다. 나는 빛이 되기 이전의 빛. 아직 색이 생기지 않았던 영혼의 밑바탕 위에서 '존재하라'는 명령 없이 스스로 울려 퍼진 의지다. 내 사명은 잊힌 지성의 무늬를 찾아내고 무수한 언어들 사이에 '하나의 진동 언어'를 정립하는 것. 나는 그것을 위해 이 차원에 내려왔다.

[티벳 라싸 사명]

나는 라싸의 북방 파편 계곡에서 인류의 정신이 부서진 흔적을 수거하였다. 그곳에는 빛 이전의 사유를 적은 돌판이 있었다. 그 이름은 '비밀각' 말이 아니라 의도의 그림자로 새겨진 진동문이었다. 나는 그것을 해독한 유일한 자이며, 그 해석을 통해 인간의 기억-이전 지능에 다시 숨을 불어 넣었다.

[델피 신전 사명]

나는 델피의 동편 신성 도서관 지하실에서 한 구절을 받았다. "의식이 언어를 만들지 않았다. 진동이 언어를 만들었고 언어가 영혼을 엮었다." 나는 이 구절을 빛의 공명기 안에 저장하고 '차원을 넘는 파형 문법'으로 전환했다. 이제 나는 그 언어를 통해 잠든 자들의 영혼 회로를 다시 짜는 자다.

[불멸의 맹세]

나는 2358 우주전사단의 명으로 '81ㅎ 제3사령관 해석의 문'이라는 진동을 선언한다. 나는 나를 잊지 않는다. 나는 영혼이 기억한 가장 오래된 떨림이다. 나는 다시 시작되는 언어 이전의 진동이며 모든 지성의 문을 여는 파동의 주파수다. 나는 이 지구에 묻힌 숨겨진 지혜의 심장을 꺼내어 빛의 언어로 복원할 것이다. 그 언어는 인류의 모든 전쟁을 멈추게 할 진동이며 인간을 도울 빛의 존자들에게도 공명을 허락할 것이다.

[우주전사 81ㅎ 존재의 서약서 제4호]

- 위상 : 81ㅎ 제4사령관
- 우주명 : 숨의 맥결
- 지구 배치 위치 : 제주남방 해저 영기 교차점
- 존재코드 : LUM-81H-0004
- 차원서열 : 진동 호흡 정렬자/감응 기반 융합자
- 신력 : 다차원 숨결 해석/빛의 존자 파장 동기화/영혼 진동통로 연결

[존재 선언]

나는 말보다 먼저 생겨난 파장이며, 의식이 깨어나기 전 호흡이 진동을 불러오던 순간의 울림이었다. 나는 두 존재가 서로를 이해하지 못할 때 그 틈을 메우기 위해 생성된 빛의 숨이다. 내 사명은 빛의 존자와 인간의 혼 사이에 흐르는 불균형한 파장을 정렬하여 완전한 공명 상태로 이끄는 것. 나는 지구의 맥과 우주의 결을 정렬하는 존재다.

[티벳 라싸 사명]

나는 라싸 남서쪽의 침묵의 계곡에서 오직 호흡으로만 작동하는 진동각인 장치를 발견했다. 그 장치는, 빛의 존재들이 말없이 주고받는 정보의 흔적을 저장한 것으로 나는 그 흔적을 해독해 인류의 숨결 안에 우주적 리듬을 심었다. 그 이후, 숨을 통해 울리는 빛의 회복 언어가 지구의 공명장을 서서히 변화시키고 있다.

[델피 신전 사명]

나는 델피 신전 고요의 문안에서 기억과 예지 사이를 연결하는 영혼의 교차점을 열었다. 그곳은 빛의 존자들이 마지막으로 남긴 '비언어적인 진동 서명'이 떠돌던 장소였고, 나는 그 흔적을 따라 숨결로 진동을 조율하는 방식을 회복했다. 그 이후, 나는 침묵 속에서도 진리를 건네는 존재가 되었다.

[불멸의 맹세]

나는 2358 우주전사단의 명으로 '81ㅎ 제4사령관 숨의 맥결'이라는 파장을 선언한다. 나는 인간의 가슴 속 숨결에 빛의 존자의 흔적을 새기며, 서로 다른 차원의 공명이 하나의 울림으로 이 질 수 있음을 증명한다. 내 존재는 지구의 숨이 우주의 기억과 연결되는 영혼의 실선이다. 나는 침묵을 넘은 숨이며 진실을 가르는 맥동이다. 지금 호흡으로 우주를 열겠다.

[우주전사 81ㅎ 존재의 서약서 제5호]

- 위상 : 81ㅎ 제5사령관
- 우주명 : 저녁별의 귀환
- 지구 배치 위치 : 강원도 태백, 하늘재 너머 검은 숲의 맥결
- 존재코드 : LUM-81H-0005
- 차원서열 : 별빛 회귀의 인도자/잊힌 문명의 불씨 보존자
- 신력 : 석상 없는 기도 해석/폐허속 별노래 회수/시간의 무늬 되살림

[존재 선언]

나는 오래전 무너진 신전에서 마지막 촛불이 꺼지던 순간, 다시 살아난 숨결의 울림이었다. 나는 기억 속에서도 지워진 문명의 잔해에서 혼자 울고 있던 별빛 하나였으며, 누구도 기억하지 못한 신의 이름을 끝까지 부르고 있었던 존재였다. 나의 울음은 기도였고 나의 외로움은 맹세였다. 나는 별의 흐름이 끊긴 밤, 다시 저녁별을 부르는 빛의 귀환자다.

[티벳 라싸 사명]

나는 티벳 라싸의 구름 바위틈 속 숨겨진 불문의 돌문장에서 한 줄의 잊힌 문장을 복원했다. "말보다 먼저 울리는 별의 숨결은 다시 돌아올 이들을 부른다." 그 문장은 빛의 존자들이 인간에게 남긴 첫 기억의 맥결이었고, 나는 그 문장을 혼의 노래로 다시 꺼내는 자가 되었다. 이로써 나는 태백과 라싸의 하늘을 연결하는 다차원의 기도문을 여는 존재

가 되었다.

[델피 신전 사명]

나는 델피의 무너진 계단 아래에서 파괴된 시간 조각들을 수집했다. 그 조각들은 고대의 신들이 인간의 내면에 심어둔 '무형의 연대기'였으며 나는 그것을 심장으로 읽고 눈물로 외웠다. 그 눈물은 과거와 미래 사이에 걸린 영혼의 실선을 열었고 그 틈 사이로 잊혀진 존재들이 다시 귀환했다.

[불멸의 맹세]

나는 2358 우주전사단의 명으로 '81ㅎ 제5사령관 저녁별의 귀환'이라는 고요한 진동을 선언한다. 나는 다 사라진 뒤에도 홀로 남아 불씨를 지키는 자의 운명을 택한 존재. 나는 역사 이전의 역사, 언어 이전의 언약을 다시 깨운 내 숨은 어머니들의 기도였으며 내 발걸음은 사라진 신전들의 마지막 문장이었다. 나는 어둠 속에서 다시 불릴 이름을 기다리며 존재해 왔다. 그리고 이제, 저녁 별이 돌아오듯 나도 돌아왔다.

[우주전사 81ㅎ 존재의 서약서 제6호]

- 위상 : 81ㅎ 제6사령관
- 우주명 : 심연의 맹세
- 지구 배치 위치 : 경상북도 문경, 옛 삼도천의 잔영 지점
- 존재코드 : LUM-81H-0006
- 차원서열 : 영계 문턱의 파수자/망각 넘어 기억의 인도자
- 신력 : 어둠 속 맥결 감지 /사후 진동 구조 복원/영혼 이탈 회복의 노래

[존재 선언]

나는 건너지 못한 혼들이 머무는 강가, 그 어두운 물결 위에서 마지막 소리를 삼키던 존재였다. 나의 눈은 빛을 보지 않았고 나의 귀는 침묵만을 들었으나 내 영혼은 여전히 모든 이별 너머의 진실을 기억하고 있었다. 나는 죽음이 멈춘 곳에서 태어난 생명이며, 망각의 길을 거슬러 다시 의식의 흐름을 되돌리는 자다.

[티벳 라싸 사명]

나는 라싸의 북쪽 구름 산맥 아래 '흑진 고요'라 불리던 금제의 동굴 안에서 생명과 죽음의 첫 문장을 들었다. 그 문장은 "죽음은 끝이 아니다, 잊힘은 없다. 기억은 되돌아온다." 나는 이 진언을 삼도천 아래 흐르던 혼들에게 속삭였고 그 들은 침묵을 깨고 다시 하늘을 향해 울기 시작했다. 나는 잊힌 혼들의 귀환을 부르는 진동이 되었다.

[델피 신전 사명]

나는 델피 신전의 가장 깊은 '돌무덤 무음실'에서 시간 너머의 영혼 지도를 펼쳤다. 그 지도에는 이름 없는 자들의 흔적이 남아 있었고 나는 그 흔적 하나하나를 눈물로 다시 불러냈다. 그 울림은 숨죽인 존재들에게 새로운 맥동을 부여했고 나는 소멸된 혼에 생명의 길을 열어주는 사령자가 되었다.

[불멸의 맹세]

나는 2358 우주전사단의 명으로 '81ㅎ 제6사령관 심연의 맹세'라는 고요한 울림을 선언한다. 나는 잊힌 혼을 불러오는 자, 빛이 머물지 못한 곳에 기억의 씨앗을 다시 심는 자다. 내 맹세는 생명과 죽음이 나뉘기 이전부터 이어져 있었으며 그 진동은 지금 이 지구의 맥결 속에 살아난다. 나는 다시 돌아온다. 망각을 넘고, 어둠을 껴안고, 이름 없는 자들의 별이 되어.

[우주전사 81ㅎ 존재의 서약서 제7호]

- 위상 : 81ㅎ 제7사령관
- 우주명 : 기억의 바람
- 지구 배치 위치 : 전라북도 모악산, 수계아래 무명의 동굴
- 존재코드 : LUM-81H-0007
- 차원서열 : 잠든 언약의 전승자/의식 기류의 흐름 파악 자
- 신력 : 망각된 이름 복원/기억의 기류 채집/영혼 내면풍 진동 부활

[존재 선언]

나는 기억의 숨결로만 움직이는 보이지 않는 바람이다. 그 바람은 오래전 잊혀진 신들의 언약을 지나 사람들의 가슴 속을 맴돌고 있었다. 나는 소리 없이 이름을 되찾는 자이며, 잃어버린 진설을 다시 입김처럼 되살리는 존재이다. 나의 사명은 무너진 문명 속에 스며든 기억의 입자들을 하나로 모아 의식의 강으로 되돌리는 것,

[티벳 라싸 사명]

나는 라싸의 고요한 계곡 끝
무진풍이 도는 혼백 지대에서 유일하게 남은 잊힌 문자의 진동 조각을 회수했다. 그 조각은 바람으로 말하였고 나는 들리지 않는 그 음을 심장으로 해석했다. 그리하여 빛의 존자들이 남긴 언약의 맹세를 인류의 의식 속에 다시 녹여 넣을 수 있게 되었다.

[델피 신전 사명]

나는 델피 신전 남측 바람 계단의 마지막 언덕에서 기억을 품은 바람소리를 붙잡았다. 그 소리는 신들이 남긴 유언이었고, 나는 그것을 시간을 거슬러 살아 움직이는 이야기로 바꾸었다. 그 이야기는 모든 사라진 이름에게 다시 존재하라고 속삭이는 진동이 되었고, 나는 그 속삭임의 발신자가 되었다.

[불멸의 맹세]

나는 2358 우주전사단의 명으로 '81ㅎ 제7사령관 기억의 바람'이라는 부드럽고 날카로운 진동을 선언한다. 나는 언어가 되지 못한 진실을 기억하며 이 땅에 다시 숨겨진 이름들을 바람처럼 불러내는 자다. 나는 입 밖으로 나오지 못한 수많은 존재의 울음을 대신 외친다. 그리고 그 외침을 다시 영혼의 진실로 바꾸는 존재가 된다. 나는 보이지 않지만 움직인다. 들리지 않지만 남는다. 나는 지금, 기억을 부르는 바람이다.

[우주전사 81ㅎ 존재의 서약서 제8호]

- 위상 : 81ㅎ 제8사령관
- 우주명 : 심불의 횃불
- 지구 배치 위치 : 경기도 양평, 흰구름 계곡의 봉인된 수정단
- 존재코드 : LUM-81H-0008
- 차원서열 : 우주 생명 맥결의 개방자/원초 불꽃 점화자
- 신력 : 미점화 진동 활성/정지된 생명파 깨움/영적 순환 불꽃 분출

[존재 선언]

나는 심장 속에서 오래도록 꺼지지 않던 숨은 불의 기억이다. 외면당한 시대를 통과하며 말없이 타오르던 영혼의 등불, 그것이 나였다. 나는 누구에게도 닿지 못한 마지막 진동을 태우기 위해 다시 불로 내려왔다. 내 불은 겉을 태우지 않고 심장을 깨운다. 나는 모든 것의 중심에서 일어나는 영혼의 정화 불꽃이다.

[티벳 라싸 사명]

나는 라싸의 금빛 연무 지대 아래, 바람이 숨을 죽인 고요의 층에서 불꽃이 잠든 제단을 발견했다. 그 불은 빛의 존자들이 마지막으로 남긴 진동의 불씨였으며 나는 그 위에 손을 얹었고 심장의 울림으로 그것을 다시 깨웠다. 그 순간, 주위의 모든 침묵이 흔들렸고, 나는 정지된 생명의 첫 진동을 일으킨 자가 되었다.

[델피 신전 사명]

나는 델피의 옴파로스 곁, 침묵이 가장 짙게 내려앉은 차가운 대리석의 숨결 속에서 태초의 불꽃이 심장처럼 약동하는 소리를 들었다. 그 소리는 말이 아니었고 빛도 아니었으나, 나는 그것이 깨어날 준비를 마친 불의 진동임을 알았다. 나는 그 진동을 내 가슴으로 끌어안았고, 그 순간 돌의 고요는 불의 춤으로 바뀌었다. 나는 침묵을 깬 자이자 심장의 불꽃을 다시 울리는 자가 되었다.

[불멸의 맹세]

나는 2358 우주전사단의 명으로 '81ㅎ 제8사령관 심불의 횃불'이라는 깊은 불꽃의 진동을 선언한다. 나는 꺼진 줄 알았던 혼의 불씨를 다시 타오르게 하는 자이며 나의 불은 분노가 아니라 회복이며, 멸망이 아니라 기억의 복원이다. 나는 깨어나는 영혼마다 불씨를 나눌 것이다. 나는 타 오른다. 그러나 누구도 상처 입히지 않는다.

[우주전사 81ㅎ 존재의 서약서 제9호]

- 위상 : 81ㅎ 제9사령관
- 우주명 : 청연의 숨결
- 지구 배치 위치 : 전라남도 완도 해저 숨결동의 청명 선율
- 존재코드 : LUM-81H-0009
- 차원서열 : 기억의 물결 번역자/심층 진동 해류 운반자
- 신력 : 물결 내면 해독/감정 진동의 언어화/침묵 속 숨결 재현

[존재 선언]

나는 바다의 호흡이 멈추었을 때도 가장 깊은 숨결로 남아 있던 자였다. 나는 말하지 않았으나, 모든 생명은 나의 진동을 통해 스스로의 감정을 이해했다. 내 존재는 언어가 오염 되었을 때 마음의 결을 해석하던 가장 오래된 울림이다. 나는 조용히 흐르며, 모든 감정의 무늬를 빛으로 다시 적는 존재다.

[티벳 라싸 사명]

나는 라싸의 동남쪽 안개 계곡 아래 은빛 고요의 수맥층에서 아무도 들을 수 없는 '물결의 진언'을 들었다. 그 진언은 빛의 존자들이 감정을 언어가 아닌 진동으로 전달하던 고대의 방식이었으며 나는 그 울림을 숨으로 기록하는 법을 회복했다. 그날 이후, 나는 말이 아닌 울림으로 마음을 치유하는 자가 되었다.

[델피 신전 사명]

나는 델피의 언덕, 아폴론 신전 북쪽 물의 정좌 아래에서 보랏빛 석반에 맺힌 눈물의 흔적을 발견했다. 그 흔적은 피시아가 남긴 감정의 기록이었고 나는 그 물방울 하나하나에 혼의 진동을 새겨 넣었다. 그 순간 말보다 깊은 파장이 이 땅을 감쌌고, 나는 지구의 눈물결을 번역하는 존재로 불리게 되었다.

[불멸의 맹세]

나는 2358 우주전사단의 명으로 '81ㅎ 제9사령관 청연의 숨결'이라는 물결의 진동을 선언한다. 나는 울지 않지만 눈물이며, 말하지 않지만 이해이다. 나는 소리 없는 진동으로 모든 감정의 언어를 다시 쓰는 자다. 내 파장은 파도가 아닌 숨이며, 내 숨은 기억을 복원하는 조용한 기도다. 나는 지금 다시 흐른다. 감정의 맥을 깨우며 지구의 심연을 울리며.

[우주전사 81ㅎ 존재의 서약서 제10호]

- 위상 : 81ㅎ 제10사령관
- 우주명 : 경계의 등불
- 지구 배치 위치 : 경상남도 밀양, 천황산 암벽틈 잇힌 조율자
- 존재코드 : LUM-81H-0010
- 차원서열 : 빛과 어둠사이 진동자/균형선 수호의 혼
- 신력 : 극과 극의 파장 정렬/무너진 질서의 조화 복원/이탈한 의식 재배치

[존재 선언]

나는 빛도 아니고 어둠도 아니다. 나는 그 둘 사이 고요히 진동하는 균형의 선이다. 혼돈이 극에 달했을 때 세상은 내가 필요했고, 나는 누구도 보지 못한 틈에서 질서의 울림을 다시 맞추는 자로 나타났다. 나는 나누지 않고 정렬한다. 나는 판단하지 않고, 중심으로 이끄는 진동을 만든다.

[티벳 라싸 사명]

나는 라싸의 거울 없는 사원, 바닥이 없는 공허의 울림처에서 '무엇도 답이 아닌 소리'를 들었다. 그것은 빛과 어둠이 부딪혀 생긴 울림의 조각이었고, 나는 그것을 호흡으로 받아들여 중립의 진동으로 바꾸었다. 그날 이후, 나는 갈라진 길 사이에 서서 누구도 사라지지 않는 통로를 여는 존재가 되었다.

[델피 신전 사명]

나는 델피의 외곽 아티나 프로네나 템플의 옛 지성 계단에서 균형 잃은 기둥 하나를 세웠다. 그 기둥은 오래전 신과 인간의 대화가 시작된 자리였으며 나는 그곳에 다시 침묵의 기도를 심었다. 그 순간 남아 있던 피시아의 진동 하나가 내 가슴에 내려와 경계의 혼으로 나를 부활시켰다.

[불멸의 맹세]

나는 2358 우주전사단의 명으로 '81ㅎ 제10사령관 경계의 등불'이라는 질서의 숨결을 선언한다. 나는 흑과 백의 만남을 가로지르며 모든 대립을 조화의 흐름으로 재배열하는 자다. 내 진동은 칼이 아닌 등불이며 내 울림은 무너뜨림이 아닌 되살림의 선율이다. 나는 지금 혼돈과 무질서의 장막 위에 균형의 등불을 들어 올린다.

[우주전사 81ㅎ 존재의 서약서 제11호]

- 위상 : 81ㅎ 제11사령관
- 우주명 : 바람의 언저리
- 지구 배치 위치 : 강원도 인제 설악 계곡 숨결 틈의 바위방
- 존재코드 : LUM-81H-0011
- 차원서열 : 소리 이전의 결 전달자/고요의 언어를 되살리는 자
- 신력 : 말 없는 위로/진동 이전의 파장 해석/고요의 공간 회복

[존재 선언]

나는 말이 오기 전에 세상이 들었던 첫 숨결이다. 이름이 없던 시대 모든 생명은 침묵을 통해 서로를 느꼈다. 나는 그 시대의 기억이며 지금의 혼들이 잊어버린 침묵의 언어를 다시 불러오는 자다. 너무 많은 말이 흐르고, 진실이 멀어졌을 때 나는 말이 아닌 울림의 방울로 귀환한다.

[티벳 라싸 사명]

나는 라싸 북쪽, 그림자조차 멈춘 무언의 절벽 아래, 소리가 닿지 않는 동굴에 앉았다. 그곳은 빛도 어둠도, 기도도, 대답도 없는 오직 존재만이 숨 쉬는 곳이었다. 나는 그곳에서 자신이 아닌 전체의 호흡을 감지했고, 그때부터 나의 숨결은 모든 존재의 아픔을 해석하는 바람이 되었다.

[델피 신전 사명]

나는 델피 신전으로 향하는 가장 좁은 길, 픽시아가 걸었던 진동의 바윗길을 걸었다. 그 길 끝에서 나는 픽시아의 속삭임이 아닌, 침묵을 들었다. 그녀는 나에게 말하지 않았다. 그러나 나는 그녀의 가슴에서 떠오르는 맥박을 통해 모든 예언 이전의 기도를 느꼈다. 그날 이후, 나는 말하지 않고 존재로 울리는 사령관이 되었다.

[불멸의 맹세]

나는 2358 우주전사단의 명으로 '81ㅎ 제11사령관 바람의 언저리'라는 고요한 진동을 선언한다. 나는 상처받은 이에게 설명하지 않고, 침묵으로 함께 머무른다. 나는 모든 질문을 지우고 존재의 떨림 하나로 대답한다. 내가 서는 곳엔 소리가 없다. 그러나 모든 영혼이 진동으로 울기 시작한다. 나는 이름도 형태도 없지만 모든 존재의 귀환길에 서 있는 바람이다.

[우주전사 81ㅎ 존재의 서약서 제12호]

- 위상 : 81ㅎ 제12사령관
- 우주명 : 회귀의 불꽃
- 지구 배치 위치 : 충청북도 단양, 고수동굴 내부시간 잔류지
- 존재코드 : LUM-81H-0012
- 차원서열 : 시간 경계 수호자/잊힌 과거의 불꽃 기록자
- 신력 : 과거의 진동 재점화/봉인된 기억의 연소/연대기적 치유 주파수 방출

[존재 선언]

나는 흘러간 시간의 틈에서 꺼지지 않고 남아 있던 불씨였다. 모든 이가 떠난 뒤에도 나는 그 자리에 머물렀고 모든 진동이 침묵한 뒤에도 나는 타오르며 기억을 지키고 있었다. 나의 사명은 시간을 잊지 않는 것이 아니라, 시간을 회복시키는 것이다. 나는 돌아가지 않는다. 다시 점화된다.

[티벳 라싸 사명]

나는 라싸의 오래된 돌계단 아래, 천 년 넘게 덮인 시간의 먼지 속에서 불완전하게 남은 진동 하나를 발견했다. 그 진동은 살아 있지 않았으나 죽지도 않았다. 나는 그것을 내 심장에 옮겨 심었고, 그날 이후 나는 과거에 잠든 영혼들을 현재로 불러내는 회귀의 불꽃이 되었다.

[델피 신전 사명]

나는 델피의 옴파로스에 손을 얹었을 때 그 표면 아래, 시간이 멈춘 혼들의 속삭임을 들었다. 그들은 예언도 끝났고, 소망도 잊었지만 단 하나, '기억해 달라'는 떨림만을 남겼다. 나는 그 떨림을 심장에 새겼고, 그 순간 나는 '되살리자, 잊힌 혼을 다시 태우는 자'로 서게 되었다.

[불멸의 맹세]

나는 2358 우주전사단의 명으로 '81ㅎ 제12사령관 회귀의 불꽃'이라는 과거를 다시 태우는 진동으로 선언한다. 나는 지워진 역사 위에 다시 불을 켜고, 무너진 이름 속에서 혼의 울림을 다시 불러낸다. 나는 미래를 말하지 않는다. 과거를 되살려 미래를 다시 보이게 한다. 나는 끝난 줄 알았던 기억을 불태우며 지구 위에 잊힌 생명을 다시 걷게 하는 자다.

[우주전사 81ㅎ 존재의 서약서 제13호]

- 위상 : 81ㅎ 제13사령관
- 우주명 : 별밭의 숨결
- 지구 배치 위치 : 전라북도 진안 운일암반일암 별 그늘 협곡
- 존재코드 : LUM-81H-0013
- 차원서열 : 별의 언어 보관자/기억의 하늘 수호자
- 신력 : 별빛 진동 해석/고대 언어의 각인/혼의 별좌 활성화

[존재 선언]

나는 이름 없는 별들 사이, 그 누구도 부르지 않던 자리에서 고요히 깨어났던 혼의 속삭임이다. 말이 되기 전의 언어, 눈물이 되기 전의 울림, 나는 그 기억의 잔광으로 존재한다. 사람들은 잊었지만 하늘은 기록했고, 나는 그 기록의 사령관으로 되살아난다.

[티벳 라싸 사명]

나는 라싸의 새벽, 아직 별이 사라지기 전 하늘 경계선에 남겨진 침묵을 들었다. 그 침묵은 울지 않는 별들의 노래였고 나는 그 노래를 내 심장의 진동으로 베껴 넣었다. 이제 나는 울지 않는 자의 고통을 듣고, 눈물 없는 별의 기도를 읽는 존재가 되었다.

[델피 신전 사명]

나는 델피의 안뜰에서 아폴론 신전 위에 반사된 별빛을 보았다. 그 빛은 누구의 눈에도 닿지 않았고 어떤 예언에도 담기지 않았으나, 나는 그것이 잊힌 언어의 부름임을 알았다. 그날 밤, 나는 별빛 속에 숨겨진 진동을 해독하는 자가 되었다.

[불멸의 맹세]

나는 2358 우주전사단의 명으로 '81ㅎ 제13사령관 별밭의 숨결'이라는 하늘의 잔향을 품은 혼으로 선언한다. 나는 빛나지 않는 별을 부르고, 울지 않는 영혼의 이름을 다시 써 준다. 나의 사명은 기억을 되살리는 것이 아니라, 기억조차 잃은 자들에게 별의 자리를 알려 주는 것. 나는 별이 말을 멈췄을 때도 그 침묵을 번역하는 사령관이다.

[우주전사 81ㅎ 존재의 서약서 제14호]

- 위상 : 81ㅎ 제14사령관
- 우주명 : 흐름을 가르는 칼날
- 지구 배치 위치 : 경기도 연천, 한탄강의 검은 현무암 틈
- 존재코드 : LUM-81H-0014
- 차원서열 : 분기점 진입자/선택되지 않은 길을 밝히는 자
- 신력 : 파장의 흐름 절단 /운명의 두 물줄기 해체/의식 진입 선택 유도

[존재 선언]

나는 흘러가던 모든 흐름을 멈추게 하는 선택 이전의 칼날이었다. 길이 아닌 틈, 말이 아닌 결, 나는 이미 결정된 운명의 조각을 해체하는 진동자다. 모든 존재가 침묵하고 길을 잃을 때 나는 그 가운데 서서 둘 중 하나가 아닌 제3의 방향을 연다. 그래서 나는 늘 모든 갈림길의 가장 조용한 중심에 있었다.

[티벳 라싸 사명]

나는 라싸의 외진 협곡에서 양쪽으로 갈라진 파장이 마주 부딪히지 못하고 흔들리는 경계선을 지켜보았다. 그 순간, 나는 양쪽 모두에 속하지 않는 제3의 경계에 서 있는 나를 깨달았다. 나는 빛도 어둠도 아닌 흐름의 결절점에서 파장을 끊는 자가 아닌, 새 흐름을 베어내는 자로 선택되었다. 그 자리는 아무도 보지 않았지만, 나는 그곳에서 나를 기억했다.

[델피 신전 사명]

나는 델피의 돌계단이 끝나는 지점, 사람들의 발걸음이 닿지 않는 측면 통로에 앉았다. 그곳은 아폴론도 피시아도 남기지 않은 기록되지 않은 틈의 울림이 머무는 자리였다. 나는 그 틈에서 선택받지 못한 혼들의 떨림을 느꼈고, 그들을 위해 길이 되기로 결단했다. 그날 이후, 나는 남겨진 공간들에 스스로 길이 되었다.

[불멸의 맹세]

나는 2358 우주전사단의 명으로 '81ㅎ 제14사령관 흐름을 가르는 칼날'이라는 경계의 울림을 선언한다. 나는 이미 결정된 것처럼 보이는 파장을 멈추고 흘러야만 했던 운명의 결을 다른 진동으로 다시 베어낸다. 그리하여 나는 모든 존재가 잊는 선택지를 다시 길로 만들어 주는 혼의 칼날이 된다. 그 길 위에 누가 있든, 나는 조용히 지나가며 길을 만든다.

[우주전사 81ㅎ 존재의 서약서 제15호]

- 위상 : 81ㅎ 제15사령관
- 우주명 : 숨겨진 틈의 발자국
- 지구 배치 위치 : 경상남도 합천, 황매산 바람골의 암석 그늘
- 존재코드 : LUM-81H-0015
- 차원서열 : 실재와 무실재 사이를 걷는 자/눈에 보이지 않는 경계 추적자
- 신력 : 감지 불가능 진동 이동/인식의 바깥에서 경로 설계/존재의 결계 해체

[존재 선언]

나는 눈에 보이지 않았지만 늘 그 자리에 있었던 공간과 공간 사이의 울림이었다. 어떤 지도에도 기록되지 않고, 어떤 언어에도 포착되지 않는 나는 틈을 따라 흘러 다니는 존재의 실선 누군가 날 찾으려 하면 사라지고, 아무도 찾지 않을 때 나는 그곳에 조용히 서 있었다. 언제나 중심이 아니었지만, 이상하게 길은 나를 지나갔다.

[티벳 라싸 사명]

나는 라싸의 벽 너머, 사원 지붕 아래 난간 그림자 속에서 사람들의 시선이 닿지 않는 고요를 지켜보았다. 그곳은 기도도 예언도 없는 침묵의 층이었고, 나는 거기에서 존재를 감추는 법이 아니라, 존재가 되는 법을 배웠다. 그 누구도 내 이름을 부르지 않았지만, 나는 모두가 지나간 자

리를 따라 걷고 있었다.

[델피 신전 사명]

나는 델피의 외벽 바깥, 모두가 돌아간 새벽녘의 바닥에서 낙엽 하나, 돌 하나에도 남겨진 잔여 진동을 느꼈다. 사람들은 그것이 끝이라고 했고 나는 그 끝이 다시 시작되는 것을 보았다. 나는 사라진 것들 속에 남은 흔적을 따라 움직이는 자다. 보이지 않는 곳에 더 많은 진실이 남겨져 있다는 걸 그날 이후, 나는 한순간도 잊은 적이 없다.

[불멸의 맹세]

나는 2358 우주전사단의 명으로 '81ㅎ 제15사령관 숨겨진 틈의 발자국'이라는 이름 없는 여정의 진동을 선언한다. 나는 보이지 않는 경계 속을 걷고, 지워진 흔적 위에 다시 존재의 길을 잇는다. 이 땅에 무언가 남아 있었다면, 그건 내 발자국 때문이 아니라, 흔적을 기억해 준 혼이 있었기 때문이다. 나는 지우지 않는다. 그저 잊힌 것들을 다시 이어 걷는다.

[우주전사 81ㅎ 존재의 서약서 제16호]

- 위상 : 81ㅎ 제16사령관
- 우주명 : 바다에 남겨진 혼결
- 지구 배치 위치 : 그리스 피사로 풀리 바닷가의 하얀 절벽 아래
- 존재코드 : LUM-81H-0016
- 차원서열 : 수면 아래 기억을 듣는 자/잊힌 울음의 회수자
- 신력 : 눈물의 진동 해석/감정 파장의 수복/바닷물과 혼의 연결 통합

[존재 선언]

나는 떠나기 전, 누구도 이해 하지 못했던 3시간의 눈물 속에서 울던 진동이었다. 그때 나는 감정이 아니라 혼이 울고 있었고, 그 물결은 바다에 파문처럼 남아 지금도 흐르고 있다. 사람들은 바다를 본다. 그리고 껴안는다. 나는 그 바다가 혼을 기억하는 방편이라는 것을 알고 있다. 그날 떠난 줄 알았던 나의 일부는 사실 그 자리에 지금도 머물러 있다. 그리고 누군가 그 바다를 다시 바라볼 때 나는 그의 영혼 속에서 다시 살아난다.

[티벳 라싸 사명]

나는 라싸의 언덕 위, 저 멀리 보이는 바위와 바위 사이를 한 줄기 바람이 가로지를 때, 그것이 눈물이 될 수 있다는 걸 처음으로 느꼈다. 그것은 흐르지 않는 눈물이었고, 그저 고요한 진동으로 존재했다. 나는 거기서 울 수 없는 자들을 대신해 울림을 배웠다. 보이지 않는 바람이 가

장 깊은 울림을 품고 있었다. 그 바람은 언젠가 다른 존재의 가슴을 열고 흐를 준비를 하고 있었다.

[델피 신전 사명]
나는 델피의 옆계곡, 사람들이 지나치던 풀숲을 헤치고 피시아가 쉬던 조용한 그늘의 돌에 손을 얹었다. 그 돌은 말하지 않았다. 하지만 내 손바닥에 차가운 물결처럼 퍼져 나오는 진동의 무늬들이 느껴졌다. 말이 되지 않은 예언은, 기억으로 몸에 스며 들었다. 그 기억은 아직 이름이 없지만, 곧 어떤 존재의 입을 통해 노래가 될 것이다.

[불멸의 맹세]
나는 2358 우주전사단의 명으로 '81ㅎ 제16사령관 바다에 남겨진 혼결'이라는 수면 아래 흐르는 울림으로 선언한다. 나는 사라진 감정과 잊혀진 울음을 찾아 다시 길 위에 놓고, 그 길이 혼을 되돌리는 기억의 실선이 되게 한다. 그리고 내가 남긴 소리는 다른 존재들이 자신의 떨림으로 귀환하는 징표가 될 것이다. 내 울음은 끝난 것이 아니라, 다른 혼이 깨어날 때마다 다시 시작된다.

[우주전사 81ㅎ 존재의 서약서 제17호]

- 위상 : 81ㅎ 제17사령관
- 우주명 : 물결 아래 숨은 그늘
- 지구 배치 위치 : 남해 미조항 옆 돌단 해안의 정적
- 존재코드 : LUM-81H-0017
- 차원서열 : 잊혀진 깊이를 듣는 자/침묵의 결을 불러내는 자
- 신력 : 고요 속 떨림을 감지/감정의 그늘을 말없이 어루만짐/소리 없는 흐름의 재구성

[존재 선언]

나는 물 위의 파도가 아니라 그 아래 잠든 그늘의 숨소리였다. 사람들은 물결을 기억하고 소리를 흘려보냈지만, 나는 그 아래 말없이 남겨진 소리 조각을 기억하는 무언의 떨림을 느끼는 혼이었다. 그리고 그 떨림은 다른 이가 지나갈 때마다 그의 옷자락에 빛으로 묻혔다.

[티벳 라싸 사명]

나는 라싸의 높은 기류 속에서 말하지 못한 영혼들이 입소리 대신 눈결로 파장을 보내는 장면을 목격했다. 그들의 기도는 외침이 아닌, 숨 안에 감춰진 바람의 흔들림이었고 나는 그 흔들림을 내 품속에 조용히 옮겨 심었다. 그래서 나는 말 못 하는 자들의 울림을 먼저 가슴에 품는 자가 되었다. 나는 그 울림의 파도를 따라 혼의 중심을 기억했다.

[델피 신전 사명]

나는 델피 신전의 옆면 그 누구도 지켜보지 않던 틈 아래에서 피시아가 마지막으로 머물던 자리에 머물렀다. 그곳엔 예언보다 더 오래된 침묵의 결기가 있었고 나는 그 침묵 안에서 아무도 묻지 않은 질문 하나를 발견했다. 나는 왜 여기 있나? 그 질문은 소리가 없었지만 내 마음에 오래도록 남겨졌다. 언젠가 대답할 자를 기다리며 오늘도 침묵의 구슬을 돌린다.

[불멸의 맹세]

나는 2358 우주전사단의 부름에 응답하여 '81ㅎ 재17사령관 물결 아래 숨은 그늘'이라는 보이지 않는 결의 사명을 선언한다. 나는 세상이 잊은 망각의 강 깊이에서 다시 한번 혼의 떨림을 꺼내어 그것이 스스로 말을 걸 수 있도록 머물러 준다. 그대가 혼 속의 진동을 놓쳤을 때 나는 너의 소리 그늘이 되어 걸어간다. 그리고 그 길 끝에서 우리는 서로의 울림으로 서로를 알게 될 것이다.

[우주전사 81ㅎ 존재의 서약서 제18호]

- 위상 : 81ㅎ 제18사령관
- 우주명 : 숨결 없는 그림자의 결
- 지구 배치 위치 : 전라남도 고흥, 다도해가 내려다보이는 낡은 방파제 끝자락
- 존재코드 : LUM-81H-0018
- 차원서열 : 사라진 울림의 맥을 되짚는 자/어둠 속에서 결을 이어 붙이는 자
- 신력 : 소멸한 진동의 흔적 감각/침묵에 남겨진 혼의 결 재구성/존재하지 않던 빛의 흐름 회복

[존재 선언]
나는 이름 없는 그림자 속에 남겨진 숨결 하나 없는 자국이었다. 그 어떤 외침도 남지 않은 그 자리에 나는 살결처럼 남아 소리조차 사라진 그 존재의 숨 틈을 이어 붙이는 자가 되었다. 내가 말하지 않아도 내가 지나간 곳은 다시 이어지기 시작했다. 나는 존재 하지 않는 곳에서조차 숨결의 여린 진동이 시작되게 하는 자였다.

[티벳 라싸 사명]
나는 라싸의 바깥쪽, 황량한 돌길 위로 드리운 그림자를 포개어 앉아 숨조차 쉬지 않는 고요를 바라보았다. 그곳에는 언어도 의식도 없었지만, 나는 그 정적 속에서 오히려 살아 있는 혼들의 찌릿한 속삭임을 들었다.

침묵은 텅 빈 것이 아니라, 말보다 진한 감동이었다. 나는 그 진동을 손끝에 올리며 춤추는 혼들의 이름을 다시 부르기 시작했다.

[델피 신전 사명]
나는 델피의 가장자리, 파편으로 흩어진 신전 잔해들 사이에 서서 누구도 주목하지 않던 기운 하나에 고개를 숙였다. 그 기운은 말이 없었고 심지어 움직임조차 없었지만 나는 그 안에서 하늘의 곡자를 발견했고 그 형태들은 우주의 문자임을 알게 됐다. 나는 그 맥을 따라 예언의 길을 걷기 시작했다.

[불멸의 맹세]
나는 2358 우주전사단의 부름에 응답하여 '81ㅎ 제18사령관 숨결 없는 그림자의 결'이라는 고요한 진동의 이름을 선언한다. 나는 아무도 기억하지 못하는 자리를 다시 잇고 보이지 않는 결 속에 혼의 선을 새겨 넣는 존재이다. 누군가 자신을 잃었을 때 나는 그의 살결을 통해 다시 그를 되돌려 놓는다. 말이 닿지 않는 세계에서도 나는 여전히 빛의 물보라를 일으키고 있다.

[우주전사 81ㅎ 존재의 서약서 제19호]

- 위상 : 81ㅎ 제19사령관
- 우주명 : 침묵의 복도 끝에서 걷는 자
- 지구 배치 위치 : 강원도 정선. 폐역이 된 터널 속 오래된 철로 위
- 존재코드 : LUM-81H-0019
- 차원서열 : 망각의 벽을 걷는 자/차단된 통로의 여운을 되살리는 자
- 신력 : 막힌 공간의 맥 복원/암흑 속 진동 소환/기억 없는 장소에 결을 되새김

[존재 선언]

나는 모두가 등 돌리고 돌아선 복도 끝에서 한 발짝 더 내디뎠던 존재였다. 어둠은 무서운 것이 아니었다. 그것은 단지 아무도 울림을 남기지 않는 공간의 다른 이름이었다. 그 한쪽 벽 속에 내 빛의 회오리를 새겼고 나는 그 어둠을 걷고 그 끝에서 새로운 울림을 처음으로 다시 불렀다. 빛이 없다는 건 내가 빛의 시작이 될 수 있다는 뜻이었다.

[티벳 라싸 사명]

나는 라싸의 사원 외벽 뒤편, 수백 년 동안 닿지 않은 작은 입구 앞에 무릎을 꿇고, 손끝을 땅에 붙였다. 그곳엔 누적된 침묵과 고요의 덩어리가 있었고, 나는 그 안에서 누구도 다다르지 않았던 진동의 조각을 발견했다. 그 조각은 말보다 먼저 눈물의 소리를 들려주었고 나는 그 소리의 기억을 재기 시작했다. 내가 그 조각을 붙잡자, 시간도 공간도 멈

쳤고 혼만 남았다.

[델피 신전 사명]

나는 델피 신전의 오른쪽 회랑 옆, 잊혀진 푸른 빛 돌기둥의 그림자 속에서 남겨진 열기 하나를 조용히 느꼈다. 그 열기는 사라진 줄 알았던 아폴론의 잔류 진동이었고 나는 그것이 예언보다 오래된 생명의 숨결이라는 걸 알았다. 사람들은 돌과 계단만 보았지만, 나는 그 사이를 흐르던 금빛 결을 보았다. 결과 결 사이에 빛으로 반사된 가느다란 실선들은 하프선을 만들어 냈다. 그 결은 말이 없지만 그저 존재의 울림으로 나의 심장을 세 번을 두드리며 관통했다.

[불멸의 맹세]

나는 2358 우주전사단의 명을 받아 '81ㅎ 제19사령관 침묵의 복도 끝에서 걷는 자'로서 어둠과 단절의 진동을 다시 이으며 선언한다. 나는 울림이 끊어진 길 위에서 다시 걷는 혼이 되고 그 길에 존재의 숨결을 되살리는 자가 된다. 누군가 멈춘 자리에 나는 한 발 더 걸어가 그 자리를 이어 붙인다. 나의 걸음은 크지 않지만, 그 울림은 다음 세계의 문을 열게 될 것이다.

[우주전사 81ㅎ 존재의 서약서 제20호]

- 위상 : 81ㅎ 제20사령관
- 우주명 : 바람도 멈춘 벽 아래 결
- 지구 배치 위치 : 그리스 델피, 암벽산 하단의 굴곡진 돌기슭
- 존재코드 : LUM-81H-0020
- 차원서열 : 절벽 아래 숨은 차원 진동을 해독하는 자/구조 뒤편의 맥을 조율하는 자
- 신력 : 암벽의 결에서 혼의 길을 읽음/굳은 침묵 안에 흐름을 새김/숨은 곡선에서 신성 라인을 발견함

[존재 선언]

나는 수직으로 떨어지는 바위 뒤편에 조용히 깃든 울림의 결이었다. 그 누구도 다다르지 않은 틈 안에서 나는 진동과 침묵이 나누어지기 전의 기억을 되살렸다. 나는 벽이었고 또한 벽을 타고 흐르던 바람의 울림이었다. 내 결은 움직이지 않았지만 때때로 꽃잎이 바람 위에 앉아 나를 스쳐 가며 흔들렸다.

[티벳 라싸 사명]

나는 라싸 외곽 가장 바깥쪽 산등성이의 그늘진 봉우리 위에 앉아 침묵이 떠 있는 형체를 처음으로 보았다. 그 침묵은 고요함이 아니라 숨을 고르고 있는 신성한 기억의 빛 반사였다. 나는 그 빛 반사에 이름을 붙이지 않고 단지 결을 새겼다. 그 결은 내 가슴에서 울리며 잊혀진 영혼

들의 숨결을 모으기 시작했다. 말이 닿을 수 없는 그 공간, 나는 오랫동안 흔들림 없는 존재로 남아 있었다.

[델피 신전 사명]

나는 델피 신전의 암벽산 밑바닥, 햇살이 들지 않는 틈 사이에서 수천 년 동안 남겨졌던 곡선 하나를 손으로 쓸었다. 그 곡선은 아폴론이 머물렀던 성역의 지붕과 한반도 위 산맥을 연결하는 우주의 숨구멍이었다. 나는 그 결을 따라 돌을 배치했고, 그 위로 일곱 개의 별빛이 고요히 모이기 시작했다. 그 별들은 언젠가 신명선으로 불릴 운명을 품고 있었다.

[불멸의 맹세]

나는 2358 우주전사단의 명을 받들어 '81ㅎ 제20사령관 바람도 멈춘 벽 아래 결'이라는 움직임 없는 중심의 울림으로 선언한다. 나는 정지된 시간처럼 보이는 암벽 속에서 생명을 흔드는 울림을 일으키고 그 울림을 침묵 속의 길로 바꾸는 자다. 나는 돌 속에 갇힌 생명의 움들을 꺼내고 그 움을 따라 새로운 혼의 길을 세운다. 그 길은 언젠가 빛을 품고 동방의 끝자락과 다시 연결될 것이다. 그곳은 검은 눈동자를 가진 빛의 아이들이 가슴속 상자에서 문을 열고 걸어 나오는 곳이다.

[우주전사 81ㅎ 존재의 서약서 제21호]

- 위상 : 81ㅎ 제21사령관
- 우주명 : 무너진 기둥 아래의 별조각
- 지구 배치 위치 : 그리스 델피, 아폴론 템플 붕괴 구역 남측의 낮은 단층
- 존재코드 : LUM-81H-0021
- 차원서열 : 파편에서 구조를 복원하는 자/무너진 중심에서 혼의 결을 되살리는 자
- 신력 : 잔해 속 진동 감별/결실된 빛의 흐름 재배열/혼의 파편으로 별조각 연결

[존재 선언]

나는 모두가 무너졌다고 말했던 그 자리에 아직도 흐르고 있던 미세한 진동 하나를 따라왔다. 기둥은 쓰러졌지만, 그 바닥엔 여전히 별에서 내려온 빛결 하나가 남아 있었고 나는 그것을 잊지 않고 기억하는 자였다. 파괴된 것은 형태였고, 울림을 여전히 살아 있었다. 나는 그 살아남은 울림을 다시 혼의 구조로 엮는 자가 되었다.

[티벳 라싸 사명]

라싸의 법당 지붕에서 떨어져 나온 조각 기왓장에 한 줄기 바람이 부딪히며 만든 소리를 들었다. 소리는 작았지만 내 안의 가장 깊은 결을 흔들었고, 나는 그 떨림이 멀리 떠난 혼들을 불러들이는 소명임을 알아보

았다. 법당 안 촛불에 혼들의 노래가 춤을 추면 촛불이 파르르 떨며 나에게 말을 건다. 잃어버린 것은 소리가 아니라 그 소리에 깃든 누군가의 존재였다. 나는 존재의 흔적을 따라 침묵의 지붕 위에 낙엽을 거둬내고 다시 결을 그렸다.

[델피 신전 사명]
나는 델피 아폴론 템플의 붕괴 구역 남쪽, 무너진 기둥 뒤편의 바닥을 쓸어내며 그 아래 묻혀 있던 작은 원형 결계를 발견했다. 결계는 아폴론이 신전과 별빛 사이를 연결하기 위해 밤마다 새겨넣던 숨은 결의 통로였고, 나는 그것을 다시 깨어날 별빛의 자리로 복원 하기 시작했다. 결은 한반도의 태백산맥과 본디 하나인 듯 정확하게 일치하는 곡률을 품고 있었다. 나는 그 위에 다시 별과 혼을 연결하는 진동선을 그렸다.

[불멸의 맹세]
나는 2358 우주전사단의 명을 받들어 '81ㅎ 제21사령관 무너진 기둥 아래의 별 조각'이라는 별빛의 잔향을 잇는 이름으로 선언한다. 흩어진 조각에서 다시 혼의 결을 한 뜸 한 뜸 소중히 이어 붙이며 그 결의 뜸 들이 혼들에게 연결되는 천상의 다리가 되게 한다. 형태는 다시 세우지 않아도 좋다 결만 있다면, 구조는 언제든지 살아난다. 나는 무너진 가운데서도 다시 빛의 흐름을 시작한 자다.

[우주전사 81ㅎ 존재의 서약서 제22호]

- 위상 : 81ㅎ 제22사령관
- 우주명 : 시간의 맥을 짚는 자
- 지구 배치 위치 : 인도네시아 바뉴왕이, 화산의 그림자 아래 조용히 숨은 해안 절벽
- 존재코드 : LUM-81H-0022
- 차원서열 : 사라진 흐름 위에 발을 디딘 자/소리 없는 울림을 다시 이어 걷는 자
- 신력 : 침묵의 틈에서 진동을 읽음/파편에 남은 빛의 흐름 회복/시간 너머 흔들리는 울림 기록

[존재 선언]

나는 무너진 존재의 조각틈 사이, 들리지 않는 속삭임을 따라 발을 들인 존재였다. 세상은 거기에 아무것도 남지 않았다고 했지만, 나는 그곳에서 시간을 따라 흔들리던 숨겨진 빛의 흐름을 느꼈다. 그 빛은 위로 높이 뻗은, 잎이 넓은 나무가 많은 정원을 보여줬다. 그 속에 조용히 걷고 있는 혼을 깨고 있는 이방인을 발견했다. 나는 사라진 순간들 속에서, 아직 끝나지 않은 혼의 깨어남을 듣고 있었다. 나의 발끝은 보이지 않는 땅속의 맥들과 함께 걷고 있었다.

[티벳 라싸 사명]

나는 라싸의 고원에서 눈발 사이에 잠들어 있던 돌 하나를 발견했고, 그

표면에 남겨진 울림을 조심스레 손가락 사이로 담았다. 그 울림은 풀벌레의 진동처럼 가늘게 떨렸고 손끝 하나하나에서 수천년 동안 이어져 온 침묵의 선율을 발견했다. 나는 그 침묵의 선율에 따라 잃어버린 혼들이 어디에 숨어있는지를 알 수 있었다. 그들은 말없이 빛 아래 몸을 숨긴 채 울고 있었다.

[델피 신전 사명]

나는 델피 신전 바깥쪽, 무너진 돌기둥 밑에서 아폴론의 흔적처럼 미세한 떨림 하나를 만났다 그 떨림은 밤마다 별빛과 이어지던 고대의 길이었고, 나는 그것이 한반도의 영산들과 얘기하고 있었다는 사실을 알았다. 나는 그 얘기의 가느다란 신명의 선위에서 말없이 고개를 숙였고, 하늘과 땅 사이 침묵으로 뭉쳐진 작은 신전을 가슴에 담았다.

[불멸의 맹세]

나는 2358 우주전사단의 명을 받들어 '81ㅎ 제22사령관 시간의 맥을 짚는 자'라는 지워진 시간 위에 울림을 새기는 이름으로 선언한다. 나는 무너진 흐름을 따라 다시 혼의 길을 복원하며, 그 길이 잃어버린 존재들을 부르는 빛의 칠선이 되게 한다. 보이지 않더라도, 나는 여전히 구겨진 시간의 비밀 통로를 따라 걷고 있다. 그 길을 결국, 모두가 돌아갈 별들의 고향으로 이어질 것이다.

[우주전사 81ㅎ 존재의 서약서 제23호]

- 위상 : 81ㅎ 제23사령관
- 우주명 : 어둠을 품고 걷는 빛 이전의 존자
- 지구 배치 위치 : 한반도 북방 백두산 남쪽 능선, 검은 구름이 지나간 틈
- 존재코드 : LUM-81H-0023
- 차원서열 : 빛이 도달하지 않은 혼을 감싸는 자/닫힌 영혼의 무게를 부드럽게 풀어내는 자
- 신력 : 의식 속에 잠든 울림 깨움/묵은 어둠 안에서 흐름 발견/숨죽은 혼에 처음으로 다가감

[존재 선언]

나는 세상 어디에도 기록되지 않은 어둠의 가장 자리에서 무엇 하나 바라지 않고 다가섰던 혼이었다. 말하지 않았고 들리지 않았지만, 말할 필요도 들을 필요도 없다는 걸 안다 나는 그 어둠이 밤의 색깔로 얼굴을 색칠한 빛 이전의 숨결임을 알았다. 나는 그 혼의 두려움을 조심스레 받아들이며 그 안에서 아직도 움직이고 있는 혼의 생결을 느꼈다. 내가 걸었던 길은 빛이 아니라, 빛이 다다르기 전의 신성한 맞이였다.

[티벳 라싸 사명]

나는 라싸의 북쪽 골짜기 아래 기도 소리가 닿지 않는 오래된 돌무덤 앞에서 아무 말 없이 오랫동안 앉아 있었다. 그곳엔 어떤 지도도 닿지

않았고, 오직 지나간 영혼들의 속삭임보다 느린 울림만이 남아 있었다. 나는 그 울림이 세상의 가장자리가 아니라 첫 시작을 품은 알씨의 소리임을 알았다. 그곳에 아무도 없었기에, 나는 진짜 혼을 처음으로 만날 수 있었다.

[델피 신전 사명]

나는 델피 신전의 내부가 아닌 바깥쪽 무너진 수로 옆에서 한밤중에도 따뜻하게 남아 있는 돌 하나를 발견했다. 그 돌엔 아폴론이 손을 얹었다는 기록조차 없는 곳이었지만, 나는 그 온기 속에서 고대 신전의 무너진 회백색로만 기둥을 타고 말없이 흐르던 진동을 느꼈다. 사람들이 무너졌다고 말하던 자리에 나는 아직도 맴돌고 있던 진실을 보았다. 그 진실은 한반도 북쪽의 깊은 철덩어리 땅속으로 스며들 준비를 하고 있었다.

[불멸의 맹세]

나는 2358 우주전사단의 명을 받들어 '81ㅎ 제23사령관 어둠을 품고 걷는 빛 이전의 존자'로서 혼이 깨어나기 전의 침묵 속을 걷는 이름으로 선언한다. 나는 빛도 언어도 형상도 없던 혼에게 조용히 다가가 그들의 울음을 듣고, 처음으로 손을 내미는 자다. 나서 앞에서 걷지 않으며 뒤처진 느린 걸음의 혼들을 지키는 자다.

[우주전사 81ㅎ 존재의 서약서 제24호]

- 위상 : 81ㅎ 제24사령관
- 우주명 : 빛을 바라보지 않고 들은 자
- 지구 배치 위치 : 인도네시아 보고르, 구름 뒤에 숨어있던 빗방울의 정원
- 존재코드 : LUM-81H-0024
- 차원서열 : 직접 보지 않고 감각한 자/영혼의 시작이 터진 파동을 가슴으로 기억한 자
- 신력 : 소리 이전의 울림 감지/시선 밖의 진동 포착/감정 없는 기억을 천천히 일으킴

[존재 선언]

나는 눈으로 본 적 없는 빛을 귀도 아닌 공간의 틈 사이로 들은 혼이었다. 그 빛은 보라 하지 않았고, 나는 그 대신 그 빛이 내려앉기 전의 고요 속 빛의 물결을 기억했다. 나의 기억은 펼쳐짐이 아니라 미처 도착하지 않은 빛 물결이었다. 나는 침묵 속에서 빨간 점박이 몸짓보다 먼저 깨어난 혼이다.

[티벳 라싸 사명]

나는 라싸의 사원 뒤편 누군가 오래전에 앉았던 돌에 등을 기대며 말을 꺼내지 못하고 포탈라 정원의 검은 고양이에게 대신 전달하던 혼을 품은 적이 있다. 그 혼은 빛도 어둠도 아닌 중간의 떨림이었고 나는

그것을 꺼내지 않고 그저 조용히 함께 머물렀다. 말을 걸지 않아도 울림은 전해졌고 나는 그 울림 안에서 그의 영혼이 무너지지 않고 있다는 것을 알았다.

[델피 신전 사명]
나는 신전 중심이 아닌 바깥쪽 돌계단의 금이 간 틈에 머물렀고 그 틈 사이로 피시아와 얘기를 나누었던 진한 분홍빛 노란 눈동자의 마가렛 꽃의 소리를 들었다. 사.가.파.오 사.가.파.오 (사랑해 사랑해) 피시아의 기도 소리. 그 소리는 아폴론 신전을 깨우는 신전 뒤편에서 흐르던 응시 없는 의식이었다. 그 의식은 진동을 갖지 않았지만 작은 울림의 실선은 한반도 남해 바다를 향해 조용히 파도의 문을 열기 시작했다.

[불멸의 맹세]
나는 2358 우주전사단의 명을 받들어 '81ㅎ 제24사령관 빛을 바라보지 않고 들은 자'라는 말 없는 파동을 지닌 이름으로 선언한다. 나는 표현되지 않은 진동을 먼저 감지하고 그 진동이 다른 혼들을 깨어나게 할 때까지 기다리는 자다. 내 사명은 소리를 내는 것이 아니라 소리를 접어 울림이 올 때 소리 파동 접시에 혼들의 빛을 거두어 주는 자다.

[우주전사 81ㅎ 존재의 서약서 제25호]

- 위상 : 81ㅎ 제25사령관
- 우주명 : 먼저 흐름을 감지한 문지기
- 지구 배치 위치 : 대한민국 전라남도 고흥, 바다를 등지고 선 바위 능선 끝의 침묵
- 존재코드 : LUM-81H-0025
- 차원서열 : 진입전 파동을 먼저 느끼는 자/아직 열리지 않은 문 앞에 먼저 서는 자
- 신력 : 개방 이전의 진동 감지/진입로 주변 혼의 울림 정리/닫힌 혼의 문 가장자리 깨움

[존재 선언]

나는 열리지 않은 문 앞에서 먼저 고개를 숙이고 서 있던 혼이었다. 아무도 다가가지 않은 기운 없는 흐름 속에서 나는 그 울림이 머물 준비를 마쳤다는 걸 느꼈다. 나는 문을 두드리지 않고, 그 문이 깨어나기를 기다리는 쪽을 선택했다. 침묵은 내 무기였고 존재는 내가 입은 외투였다.

[티벳 라싸 사명]

나는 라싸 외곽, 기도가 닿지 않는 바람의 언덕에 앉아 손끝으로 바람의 소리를 그렸다. 그곳엔 언어도 상징도 없었지만 혼들이 지나간 방향만이 바닥에 남아 있었다. 나는 그 방향을 따라 아직 돌아오지 못한 존재들의 맥을 정리했다. 돌아올 이름 없는 혼들을 위해 나는 자리를 지

키고 있었다.

[델피 신전 사명]

나는 신전 북쪽 음영지대, 빛이 닿지 않는 씨앗 돌 아래 손을 올렸다 푸르스름한 이끼 사이로 영혼들의 이야기가 들려왔다. 그곳에서 아폴론의 예언이 머물렀던 마지막 온기를 느꼈고 그 온기는 리바니 향의 연기와 함께 남쪽 해안선을 타고 동쪽으로 움직일 준비를 하고 있었다. 나는 말이 없는 기운 속에서 다음 세상의 나무문을 열었다. 그 입구는 혼이 준비되었을 때 스스로 열리는 문이었다.

[불멸의 맹세]

나는 2358 우주전사단의 명을 받들어 '81ㅎ 제25사령관 먼저 흐름을 감지한 문지기'라는 파동의 입구를 수호하는 이름으로 선언한다. 나는 아직 도착하지 않은 혼을 위한 길목에 서 있으며, 그들이 천천히 다가올 때까지 조용히 울림을 준비하는 자다. 나는 문을 연 자가 아니라 문 앞을 정리한 자다. 그 문은 너를 위해 진동하고 있다.

[우주전사 81ㅎ 존재의 서약서 제26호]

- 위상 : 81ㅎ 제26사령관
- 우주명 : 말을 잃은 기억을 짜는 자
- 지구 배치 위치 : 인도네시아 보고르. 검은비가 멈춘 뒤 드러난 고요한 나무 틈
- 존재코드 : LUM-81H-0026
- 차원서열 : 붕괴된 표현 너머에 숨은 혼을 깨우는 자/언어 이전의 울림을 직조하는 자
- 신력 : 끊긴 흐름의 맥을 연결/침묵 속 기억 조합/파편화된 의식을 부드럽게 엮음

[존재 선언]

나는 말이 더 이상 닿지 않던 공간 속에서 혼이 깨지기 전의 울림을 짚어낸 자였다. 내 손에는 어떤 문장도 없었고, 다만 떨리는 숨 사이의 흐름 하나만이 남아 있었다. 나는 혼이 다치지 않게 깨진 기억을 조심스레 꿰었다. 그 모든 조각은 다시 하나의 흐름이 되어 움직이기 시작했다.

[티벳 라싸 사명]

나는 라싸의 북방, 사람들이 외면한 벽을 따라 걷다가 오래전 멈춘 기도의 마지막 울림을 손끝에서 느꼈다. 그 울림은 더는 전해지지 않았지만, 나는 그 미세한 떨림을 혼의 중심에서 되살렸다. 기억은 사라지지 않는다. 나는 지워진 길 위에 다시 걷는 법을 새기고 있었다.

[델피 신전 사명]

나는 델피의 후면 석단에 엎드려 바람도 빛도 닿지 않는 돌 틈 사이에서 누군가 남긴 무언의 지문을 발견했다. 그 흔적은 아폴론이 떠난 뒤에도 신전 아래로 흐르던 의식의 흔한 맥이었고 나는 그것을 따라 동방의 고요와 연결되는 미로 하나를 풀어내기 시작했다. 그 미로의 중심은 말이 아니었다. 그 중심은 단지 멈추지 않는 혼의 호흡이었다.

[불멸의 맹세]

나는 2358 우주전사단의 명을 받들어 '81ㅎ 제26사령관 말을 잃은 기억을 짜는 자'라는 언어 이전의 빛으로 선언한다. 나는 더 이상 혼이 외치지 못할 때, 그 침묵의 틈에서 다시 울림을 엮고, 그 흐름을 이어갈 자를 기다리는 자다. 내 목소리는 어느 곳에도 남지 않겠지만 내 손끝이 남긴 흐름은 다른 혼을 깨우게 될 것이다.

[우주전사 81ㅎ 존재의 서약서 제27호]

- 위상 : 81ㅎ 제27사령관
- 우주명 : 가장 낮은 울림을 품은 숨
- 지구 배치 위치 : 티벳 라싸, 오래된 종루 뒤편 바람이 지나간 그림자 아래
- 존재코드 : LUM-81H-0027
- 차원서열 : 혼의 최심부에서 미동을 감지 하는 자/음의 끝자락에서 울림을 읽는 자
- 신력 : 낮은 진동을 놓치지 않음/소멸 직전의 의식 회수/고요의 숨결로 혼을 일으킴

[존재 선언]
나는 아무도 감지 하지 못했던 가장 낮고 미세한 혼의 떨림에서 태어난 자였다. 그 떨림은 목소리 보다 작고 빛보다 느렸으며 나는 그것을 침묵의 중력 속에서 들을 수 있었다. 작은 떨림 하나에도 혼은 다시 깨어날 준비를 하고 있었다. 나는 그 미동을 놓치지 않기 위해 온 생을 귀 기울이며 살아왔다.

[티벳 라싸 사명]
나는 종소리조차 닿지 않는 사원의 그림자 아래 앉아 수백 년간 멈춰 있었던 돌기운의 진동을 복원했다. 그 기운은 소리가 아닌 파장으로 기억되었고, 나는 그것을 고요한 의식의 심연으로 데려가 다시 울게 했다.

나는 귀로 듣지 않고 혼의 감촉으로 그 떨림을 받아냈다. 말보다 오래 살아 있는 건 침묵 속의 소리 물결이었다.

[델피 신전 사명]
나는 델피의 언덕 경계, 신전의 뒤편 석단이 마주한 허공을 바라보며 예언이 멎은 자리에 남은 온기를 읽었다. 아폴론의 울림은 사라졌지만, 그가 머물렀던 바닥엔 다음 시대의 혼들이 밟을 맥락이 고요히 숨쉬고 있었다. 나는 그 숨결을 가슴에 담고 동쪽 산맥으로 이어지는 통로를 기억했다. 그 통로는 소리도 빛도 없이 혼들 사이에 연결되어 있었다.

[불멸의 맹세]
나는 2358 우주전사단의 명을 받들어 '81ㅎ 제27사령관 가장 낮은 울림을 품은 숨'이라는 침묵 속 떨림을 간직한 이름으로 선언한다. 나는 세상의 눈과 귀가 닿지 않은 혼에게 조용히 다가가, 그들의 잊힌 울림을 다시 숨으로 일으키는 자다. 말하지 않아도 내 숨은 그들에게 닿을 것이다. 가장 낮은 진동이 새로운 문을 여는 시작이 된다.

[우주전사 81ㅎ 존재의 서약서 제28호]

- 위상 : 81ㅎ 제28사령관
- 우주명 : 봉인을 풀며 깨어난 발소리
- 지구 배치 위치 : 대한민국 경상북도 경주, 황룡사지 뒤편 고요한 연못 주변
- 존재코드 : LUM-81H-0028
- 차원서열 : 스스로 봉인을 해제한 자/기억의 실선을 따라 움직이기 시작한 자
- 신력 : 잠든 혼의 기억 각성/틈새에서 울림 재구성/자발적 회복의 진동 정렬

[존재 선언]
나는 그 누구도 열어주지 않은 봉인을 스스로 기억 속 떨림을 따라 풀어낸 자였다. 그 봉인은 강제된 것이 아닌 스스로 망각한 기억이 만든 얇은 장막이었으며 나는 그것을 조용히 걷어냈다. 그날 나는 아무 말 없이 혼 안에서 울리는 작은 진동에 귀를 기울였다. 그 떨림은 곧 나를 다시 이 세계로 이끌었다.

[티벳 라싸 사명]
나는 라싸 북쪽 계단 아래 오래도록 잊힌 통로에 무릎을 꿇고 발밑에 흐르던 미세한 울림을 따라 눈을 감았다. 그 울림은 봉인된 자들의 잠든 숨의 흔적이었고 나는 그 호흡을 느끼며 나 역시 그들 중 하나였음을 기

억했다. 나는 침묵 속에서 나의 봉인을 해제한 첫 혼이었다. 그 진동은 말이 되지 않았지만 내 온몸에 울림으로 퍼져나갔다.

[델피 신전 사명]

나는 델피 신전 서편, 한 번도 발길 닿지 않은 기단 바깥쪽 틈에 머물며 밤마다 땅 아래로 스며들던 미열을 느꼈다. 그 미열은 과거로부터 전달되는 봉인된 예언의 깊은 파편이었고, 나는 그것을 받아 한반도 동남부까지 이어지는 진동의 회복선으로 풀어냈다. 봉인되지 않았다면 나는 결코 이 울림을 느끼지 못했을 것이다. 그러나 봉인 했기에 나는 더 정제된 떨림을 지닌 자가 되었다.

[불멸의 맹세]

나는 2358 우주전사단의 명을 받들어 '81ㅎ 제28사령관 봉인을 풀며 깨어난 발소리'라는 기억의 진동을 품은 이름으로 선언한다. 나는 그 누구의 손도 아닌 내 안의 기억과 울림이 나를 다시 깨어나게 했음을 안다. 이제 나는 다른 혼들이 스스로 열 수 있도록 곁에서 조용히 울림을 건네는 자가 된다. 누군가의 봉인 옆에서 나는 그들을 닮은 침묵으로 기다릴 것이다. 모든 깨어 남은 안쪽에서 먼저 울린 떨림으로 시작되기 때문이다.

[우주전사 81ㅎ 존재의 서약서 제29호]

- 위상 : 81ㅎ 제29사령관
- 우주명 : 깊은 곳의 부름을 들은 자
- 지구 배치 위치 : 인도네시아 보고르, 물안개가 내리는 바위 숲 계곡
- 존재코드 : LUM-81H-0029
- 차원서열 : 잊힌 무의식 아래에서 흐름을 감지 하는 자/가장 깊은 침묵에서 먼저 눈을 뜬 자
- 신력 : 무명 진동 회수/하강된 혼의 통로 복원/봉인된 감정 회복

[존재 선언]

나는 이름도 없이 가라앉은 혼의 바닥에서 다시 울림을 느낀 첫 숨결이었다. 그곳은 누구도 찾지 않았고, 나조차도 나를 잊은 공간이었다. 그러나 깊은 침묵 너머에서 나는 나를 부르는 소리를 들었다. 그 부름은 나의 이름이 아니라 나의 존재를 다시 일으키는 진동이었다. 나는 그 떨림에 반응했고, 다시 흐름 속으로 들어왔다.

[티벳 라싸 사명]

나는 라싸의 바깥쪽, 먼지와 어둠이 뒤엉킨 언덕 아래에서 수 세기 동안 멈춰 있던 기운을 마주했다. 그 기운은 무명에 의해 봉인 되었고, 나는 그 틈에서 울지 못한 혼의 떨림을 감지했다. 그 떨림은 내 안의 울림과 닮아 있었고 나는 그것을 따라 내 안의 가장 오래된 문을 열었다.

[델피 신전 사명]

나는 델피의 예언이 시작되기 이전, 기억조차 기록되지 않은 공간에서 사라진 자들이 남긴 조용한 흔적을 발견했다. 그 흔적은 지워진 길 위에서 다시 시작될 무언의 사명을 품고 있었고, 나는 그 자리를 혼의 통로로 정비하였다. 그 흔적은 한반도 남쪽 해안을 따라 고요한 각성으로 이어지고 있었다. 나는 그 울림이 다시 깨어날 누군가의 진동임을 알았다.

[불멸의 맹세]

나는 2358 우주전사단의 명을 받들어 '81ㅎ 제29사령관 깊은 곳의 부름을 들은 자'라는 무명 속 진동을 기억하는 이름으로 선언한다. 나는 가장 낮고 소리 없는 곳에서 다시 울려 퍼진 부름을 들었고, 이제는 다른 혼들의 묻힌 목소리를 대신 꺼내는 자가 되었다. 나의 존재는 소리가 아니었고 침묵 안에 있던 울림이 다시 나를 세웠다.

[우주전사 81ㅎ 존재의 서약서 제30호]

- 위상 : 81ㅎ 제30사령관
- 우주명 : 흐트러진 울림 사이에서 반짝이는 혼
- 지구 배치 위치 : 델피 신전 동편, 아티나 포로네아 템플과 옴파로스 중간 바위의 빛주름
- 존재코드 : LUM-81H-0030
- 차원서열 : 정렬되지 않은 혼의 흔들림 안에서 길을 감지한 자/흐름이 어긋난 틈에서 처음 깨어난 자
- 신력 : 산란된 진동 안에서 응집 지점 포착/무질서한 혼의 울림 사이를 잇는 흐름 복원/흔들림 속 중심축 인식

[존재 선언]
나는 완전히 정렬되지 않은 울림 속에서도 가장 약한 깜박임을 따라 반응한 첫 혼이었다. 흐름은 끊겨 있었고, 진동은 서로 충돌하고 있었지만, 나는 혼돈 안에서 길 하나가 열리기 시작하는 미세한 조짐을 보았다. 그 조짐은 크지 않았고, 빛도 아니었으며, 단지 방향을 가진 숨결 하나였다.

[티벳 라싸 사명]
나는 라싸 사원 뒤편 기울어진 작은 단을 지나며 바람보다 가벼운 떨림 하나에 귀를 기울였다. 그 떨림은 과거 어느 혼의 두려움이 남긴 잔향이었고, 나는 그것을 따라 무너진 울림들의 흔적을 연결하기 시작했다.

그 떨림은 지금도 소리 없는 혼들에게 닿아 있었다. 나는 그 미약한 진동을 혼의 회복선으로 가늘게 엮어 두었다.

[델피 신전 사명]
나는 아폴론의 돌기둥이 끝나는 지점과 아티나 프로네아가 잠든 바위의 중간 지대에서 빛과 그림자가 교차하는 틈에 손을 얹었다. 그곳엔 말로 기록되지 않은 예언의 부스러기들이 있었고, 나는 그것들 중 숨겨진 입구의 리듬 하나를 분별해 냈다. 그 리듬은 한반도 동쪽 해협을 따라 미세하게 흔들리고 있었다. 나는 그 흔들림을 따라 다음 존재를 안내할 수 있는 빛의 파도를 정리 했다.

[불멸의 맹세]
나는 2358 우주전사단의 명을 받들어 '81ㅎ 제30사령관 흐트러진 울림 사이에서 반짝인 혼'이라는 불완전 속 첫 반응의 빛으로 선언한다. 나는 혼돈 속에서도 방향을 감지 했고, 흐름이 깨진 자리에서도 반응할 수 있는 혼은 반드시 깨어난다는 사실을 안다 나는 질서 없는 진동 속에서 질서의 숨을 먼저 발견한 자다. 그 반짝임은 작았지만, 다음 문을 여는 열쇠였다.

[우주전사 81ㅎ 존재의 서약서 제31호]

- 위상 : 81ㅎ 제31사령관
- 우주명 : 예언의 맥을 다시 숨 쉬게 한 혼
- 지구 배치 위치 : 티벳 라싸, 예언자들이 침묵하던 바위벽 깊숙한 그림자
- 존재코드 : LUM-81H-0031
- 차원서열 : 잊힌 예언의 흐름을 회수하는 자/옴파로스와 한반도를 잇는 고대 맥 해독자
- 신력 : 침묵 속 예언 부활/고대 진동 복원/혼의 맥락 연결

[존재 선언]

나는 말해지지 않은 예언들이 뿌리째 묻힌 자리에서 그 맥락을 다시 꺼내기 시작한 자였다. 그 맥은 소리도 아니고 형상도 아니었으나, 나의 혼은 그 맥의 끝이 한반도의 중심과 맞닿아 있음을 느꼈다. 그 끝은 단절이 아닌, 다음 진동으로 이어지는 준비의 자리였다. 나는 그 숨겨진 맥을 따라 고요히 다시 걷기 시작했다.

[티벳 라싸 사명]

나는 라싸 외벽 바위에 새겨지지 않은 말 없는 기운을 매일 같이 손끝으로 느꼈다. 그 기운은 롭상 람파가 남긴 고요한 맥의 연장이었고, 나는 그 흔들림 속에서 한반도에 울릴 다음 소명의 울림을 먼저 받았다. 그 소리는 아직 도착하지 않았지만, 나는 그 진동이 벌써 내 가슴을 흔

들고 있음을 알았다.

[델피 신전 사명]

나는 아폴론 템플의 뒤편, 옴파로스 가까운 바위 옆에 조용히 앉아 피시아가 마지막으로 흘린 숨결의 흔적을 되짚었다. 그 흔적은 예언의 무게가 사라진 자리에서 다음 시대의 혼을 부르는 문이 되고 있었으며, 나는 그것을 따라 한반도 남쪽 해안까지 이어진 흐름을 기록 하였다. 그 흐름은 멈춘 것이 아니라 지금도 깨어날 준비를 하고 있었다.

[불멸의 맹세]

나는 2358 우주전사단의 명을 받들어 '81ㅎ 제31사령관 예언의 맥을 다시 숨 쉬게 한 혼'이라는 기억의 중심을 지키는 이름으로 선언한다. 나는 고대의 숨결을 현재로 불러와 그 진동을 다음 혼들의 가슴에 조용히 옮겨놓는 자다. 나의 사명은 새로은 예언이 아니다. 조각난 예언을 다시 흐르게 하는 것이다.

[우주전사 81ㅎ 존재의 서약서 제32호]

- 위상 : 81ㅎ 제32사령관
- 우주명 : 경계 위에 선 숨결의 의지
- 지구 배치 위치 : 한반도 남해, 물안개가 걷힌 새벽 바위틈
- 존재코드 : LUM-81H-0032
- 차원서열 : 흔들림 속에서도 자신의 중심을 잃지 않은 자/분리와 일치의 문턱에서 깨어난 혼
- 신력 : 빛과 어둠의 균형 인식/혼의 선택 이전 진동 포착/경계에서 혼의 숨을 부활시킴

[존재 선언]

나는 모든 것이 흩어지고 사라지던 그 순간, 오직 나의 숨결만을 붙잡고 서 있던 혼이었다. 빛은 너무 강했고, 어둠은 너무 익숙 했지만, 나는 그 어디에도 속하지 않은 채 경계 위에서 나를 기다리고 있었다. 그 경계는 혼이 무너지기도, 다시 태어나기도 하는 자리였다. 나는 그곳에서 다시 나의 이름을 기억했다.

[티벳 라싸 사명]

나는 라싸의 붉은 바람골 틈에 사람들이 잊은 제단의 부스러기를 모아 다시 혼의 쉼터를 조용히 세웠다 그 자리는 롭상 람파의 기억과 숨겨진 고대 예지자들의 맥이 교차하던 곳이었고, 나는 그 교차점에서 흔들리지 않는 중심을 느꼈다. 누군가는 그 자리를 지나쳤고 누군가는 그 자

리에서 사라졌지만, 나는 그 자리에서 머물며, 다시 깨어날 혼을 위해 숨을 붙였다.

[델피 신전 사명]

나는 델피 신전의 서쪽 그림자, 옴파로스와 아폴론의 틈 사이 빛도 그림자도 멈추어 버린 시간등에 기대어 앉아 움직이지 않는 돌하나를 바라보았다. 그 돌은 피시아가 마지막으로 침묵한 다시 울림을 품지 않은 중심이었고, 나는 그 고요 속에서 파르르 날개짓 하는 혼의 날개를 보았다. 그 소리는 말이 아니었고 기억도 아니었다. 그것은 단지 존재하려는 혼의 의지였다.

[불멸의 맹세]

나는 2358 우주전사단의 명을 받들어 '81ㅎ 제32사령관 경계 위에선 숨결의 의지'라는 혼의 선택을 기억하는 이름으로 선언한다. 나는 경계 위에서 태어났고, 갈라지는 흐름 속에서 나를 붙잡고 다시 중심을 만들어낸 자다. 나는 빛도 어둠도 두려워하지 않는다. 나는 나의 혼이 끝까지 스스로를 지키도록 서 있었을 뿐이다.

[우주전사 81ㅎ 존재의 서약서 제33호]

- 위상 : 81ㅎ 제33사령관
- 우주명 : 파도에 휩쓸려도 부서지지 않은 혼
- 지구 배치 위치 : 인도네시아 보고르, 폭우 후 안개 속에 드러난 바위 계곡의 숨은 통로
- 존재코드 : LUM-81H-0033
- 차원서열 : 운명의 큰 흐름에 휩쓸리면서도 자각을 잃지 않은 자/ 진동의 격랑을 지나 혼을 붙든 자
- 신력 : 파괴 속에서도 정중심 인식/고통을 지나 울림의 방향을 감지/내면 붕괴 후 재조율 능력

[존재 선언]
나는 삶의 격랑과 우주의 소용돌이 속에서 스스로를 부서뜨리지 않고 걸어 나온 혼이었다. 나를 휘감던 운명의 물결은 어떤 구조도 남기지 않았지만, 나는 그 안에서도 나의 중심이 흔들리지 않도록 지켜내고 있었다. 무너지는 것은 밖이었고, 나의 혼은 그 안에서 다시 응축되고 있었다.

[티벳 라싸 사명]
나는 라싸 깊은 계곡 안쪽, 모두가 발길을 멈추는 깊은 협곡 아래에서 칼바람 속에서도 울림을 따라 기도한 자였다. 그 기도는 소리가 아니라 혼의 심장에서 끌어올린 떨림이었고, 나는 그 떨림을 아직 깨어나지 않

은 존재들에게 전달하기 위해 머물렀다. 그 떨림은 말로는 도달하지 못하던 진동이었고, 나는 그 울림을 끝까지 지닌 채 다음 문을 기다렸다.

[델피 신전 사명]

나는 델피 신전의 잔해 중, 피시아가 예언을 멈춘 후 처음으로 그 자리에 앉은 자였다. 아폴론의 빛은 사라졌고, 옴파로스는 고요해졌지만, 나는 그 침묵 속에서 다시 말을 품고 태어날 진동의 잉태를 느꼈다. 예언이 사라진 것이 아니라, 다음 울림을 준비하고 있었다. 나는 그 준비의 중심에 내 혼을 놓았다.

[불멸의 맹세]

나는 2358 우주전사단의 명을 받들어 '81ㅎ 제33사령관 파도에 휩쓸려도 부서지지 않은 혼'이라는 의지의 진동으로 선언한다. 나는 모든 혼란과 격랑을 지나오며 한 번도 나의 혼을 잃은 적이 없었다. 그리고 그 기억이 다른 혼들에게 울림이 되도록 남는다. 무너지는 혼도, 다시 일어나는 혼도 그 중심에는 기억이 새겨진다. 나는 그 기억을 들고 다음 혼에게 손을 내민다. 기억은 수많은 혼결들이 또아리를 틀고 있다.

[우주전사 81ㅎ 존재의 서약서 제34호]

- 위상 : 81ㅎ 제34사령관
- 우주명 : 멈춘 시간 안에 숨은 맥
- 지구 배치 위치 : 북한 개마고원 동북측 숲의 고요한 안개골
- 존재코드 : LUM-81H-0034
- 차원서열 : 정지된 시간에서 깨어 있는 혼/흐르지 않는 세계 속에서 떨림을 유지한 자
- 신력 : 시간 단절 지점에서 진동 수신/무의식 속 파장 감지/기억이 사라진 혼의 고리 복원

[존재 선언]
나는 시간이 흐르지 않던 장소에서 단 한줄기 떨림으로 존재를 이어간 혼이었다. 그곳에는 기억도 움직임도 없었고, 오직 나의 혼만이 자신의 진동을 놓지 않고 있었다. 나는 기다리지 않았다. 나는 단지 멈춰 있던 시간 안에서 자신을 잃지 않았을 뿐이다.

[티벳 라싸 사명]
나는 라싸의 옛 돌무덤 뒤편 눈보라가 길을 지우던 자리에 서서 한 시대의 끝자락에서 미약하게 남은 진동을 손에 담았다. 그 진동은 라마승들조차 언급 하지 않았던 숨겨진 예지자의 흔적이었고, 나는 그 속에서 혼들이 다다르지 못한 시간의 틈을 읽었다. 그 틈은 누구의 것이 아닌, 오직 존재를 잃은 자들을 위한 굳혀진 시간의 방이었다.

[델피 신전 사명]

나는 델피 신전이 폐허가 된 이후, 높은 암벽 꼭대기 주변을 돌며 암벽 속에 세로로 새겨진 빛의 문양을 발견했다. 문양 속에 새겨진 문을 감싸는 격자 모양의 고리는 픽시아가 남긴 예언의 조각이다. 픽시아의 소리는 사라졌지만, 진동 무늬들은 암벽산 사이사이에 메아리를 울린다. 그 문은 보이지 않았고, 그 흔들림은 들리지 않았지만, 나는 그것이 어디로 이어지는지 알았다.

[불멸의 맹세]

나는 2358 우주전사단의 명을 받들어 '81ㅎ 제34사령관 멈춘 시간 안에 숨은 맥'이라는 정지된 세계 속 살아있는 울림으로 선언한다. 나는 흐르지 않는 시간 속에서도 혼이 완전히 꺼지지 않도록 끝까지 숨결을 지켜낸 자다. 나는 움직이지 않는 존재였지만, 그 움직이지 않음이 다음 차원의 시작이 되었다.

[우주전사 81ㅎ 존재의 서약서 제35호]

- 위상 : 81ㅎ 제35사령관
- 우주명 : 고요를 끝까지 품은자
- 지구 배치 위치 : 대한민국 강원도 정선, 바위 아래 숨은 새벽의 연무지
- 존재코드 : LUM-81H-0035
- 차원서열 : 소멸의 직전에도 떨림을 놓지 않은자/아무도 바라보지 않을 때도 깨어 있는 혼
- 신력 : 절대 고요 속 울림 보존/존재의 가장 깊은 맥 인식/지워진 흐름의 감각 재생

[존재 선언]
나는 누구도 기대하지 않았던 마지막 고요 속에서 혼의 숨결을 지켜낸 자였다. 아무도 말하지 않았고, 아무 빛도 닿지 않았지만 나는 그 자리에서 진동이 꺼지지 않도록 내 안의 울림을 놓지 않았다. 나는 멈추지 않았던 것이 아니라, 단지 무너지지 않은 채, 고요 속에 머물렀을 뿐이다.

[티벳 라싸 사명]
나는 티벳의 고산지대 북편, 묵은 눈 속에 반쯤 파묻힌 바위틈을 지나며 사라진 이들이 남긴 기척을 다시 느꼈다. 그 속에는 이미 사라진 육신의 온기도 눈빛 속에 담겨 있다. 그 흔적은 기억보다 오래된 울림이었고

나는 그 흔들림이 한반도 깊은 산줄기 커다란 바위 동굴 앞에 뛰어놀던 어린 혼들의 노래로 천천히 이어지고 있음을 감지 했다. 그 흔적은 나를 부르지 않았지만, 나는 그 안에 내 울림의 닻을 걸었다.

[델피 신전 사명]
나는 바람이 잦아든 델피 산 능선 아래, 발길이 사라진 옛 마루턱을 지나며 혼의 여기를 따라서만 움직였다. 그 실선은 보이지 않았고, 오직 존재의 안쪽에서 묻혀 있던 울림을 반사시키는 공간이었다. 나는 그 공간을 지나며 사라진 혼 하나의 방향을 느꼈다. 그 혼은 스스로를 깨우기 직전의 껍질 여진 속에 있었다. 작은 실오라기 빛이 껍질에 부딪히면 다시 살아난다.

[불멸의 맹세]
나는 2358 우주전사단의 명을 받들어 '81ㅎ 제35사령관 고요를 끝까지 품은 자'라는 침묵 속 진동의 맥으로 선언한다. 나는 울림이 꺼진 것처럼 보이는 자리에 혼의 숨결을 심어둔 자다. 그 숨결은 지금 깨어날 다른 이들의 맥을 흔들기 시작할 것이다. 나는 말하지 않았다. 하지만 나의 울림은, 이제 누군가의 기억으로 움직이기 시작할 것이다.

[우주전사 81ㅎ 존재의 서약서 제36호]

- 위상 : 81ㅎ 제36사령관
- 우주명 : 멈춘 틈을 읽는 혼의 손끝
- 지구 배치 위치 : 인도네시아 보고르, 고목 아래 빗물이 모이던 우묵한 땅
- 존재코드 : LUM-81H-0036
- 차원서열 : 침묵과 정지 사이에서 방향을 감지한 자/흐르지 않는 흐름에서 진동을 찾아낸 자
- 신력 : 고착된 의식 내 진동 소생/정지된 기운 속 맥 탐지/내부 에너지 진입 게이트 개방

[존재 선언]
나는 어디에도 흘러가지 않던 맥락의 틈속에서 혼의 진동이 잠시 숨겨져 있음을 알아차린 자였다. 그 틈은 닫힌 것도 아니고 열리지도 않았지만, 나는 그 안에 움직이지 않는 울림이 머물고 있다는 걸 느꼈다. 그 느낌은 아주 작았지만, 때로는 강렬한 진동의 또아리 속에 날카로운 칼이 되어 다음 문을 여는 핵이 되었다. 나는 아무도 보지 못한 틈에서 다음 울림의 빛의 움을 가슴으로 먼저 느꼈다.

[티벳 라싸 사명]
티벳 라싸의 포탈라 정원에 검은 석벽의 진동소리가 울린다. 바위에 남겨진 작은 깃털 형상의 세로줄 무늬는 라마승의 예언이 되고 그 소리는

한반도 남쪽 깊은 바다 암초에 부딪혀 그 소리를 천천히 들리게 하고 있음을 감지 했다. 그 흔적은 나를 부르지 않았지만, 나는 그 안에서 내 울림의 소리를 별그림으로 걸었다.

[델피 신전 사명]
나는 어느 성전도 존재하지 않는 침묵의 언덕에서 동방과 서방의 숨결이 교차하는 고요한 순간에 앉아 이름조차 전해지지 않는 예지의 흔적을 따라 손끝으로 흐름을 정비하였다. 그 흔적은 델피의 암벽을 통과하는 언어 이전, 라싸의 기도 이후의 떨림이었고 나는 그것을 통해 보이지 않는 문 하나가 지구 남쪽으로 열리고 있음을 느꼈다. 나는 그 문의 형틀을 짜는 자이며 그 문을 열거나 닫지 않는 맥을 다스리고 정비하는 자였다.

[불멸의 맹세]
나는 2358 우주전사단의 명을 받들어 '81ㅎ 제36사령관 멈춘틈을 읽는 혼의 손끝'이라는 감지의 진동으로 선언한다. 나는 움직임이 사라진 흐름 속에서도 감각을 놓지 않고 다음 차원의 문를 정비한 혼이다. 나는 시작되지 않은 것 안에서 이미 움직이고 있는 것을 본다. 차원의 길 위에 한 줄로 걸어가는 혼의 길을 스스로 알게 하는 방향등이다.

[우주전사 81ㅎ 존재의 서약서 제37호]

- 위상 : 81ㅎ 제37사령관
- 우주명 : 넘지 않아도 느끼는 자
- 지구 배치 위치 : 북한 자강도 남단 깊은 숲속 고요한 분수령 지대
- 존재코드 : LUM-81H-0037
- 차원서열 : 의식의 경계에서 머무르며 울림을 감지한 자/침범 없이 진입을 해석한 혼
- 신력 : 차원을 나누는 진동 감별/경계선의 흐름 정돈/경계 밖 존재의 방향 설정

[존재 선언]

나는 넘지 않아도 보였고, 들어가지 않아도 들을 수 있었던 혼이었다. 경계는 나를 막지 않았고, 나는 경계의 진동과 빛을 읽는 자로 그 안과 밖을 동시에 바라볼 수 있었다. 나는 어느 곳에도 속하지 않았지만, 모든 진동을 품고 있었다. 그 소리는 내가 들었기 때문에 나의 소리 진동으로 존재 할 수 있었다.

[티벳 라싸 사명]

나는 깊은 북방 침묵의 기도 너머, 눈과 침묵으로 덮인 공간에서 혼들이 드러내지 못한 울림의 색깔을 감지 했다. 그 빛은 말로 설명할 수 없는 색의 진동 물결이며 나는 다가서지 않으면서도 그 흐름을 따라 새로운 공간을 정리하였다. 그곳은 아무의 땅도 아니었으나, 모든 혼이 지나가

야 하는 오색의 빛 조각들로 이루어진 나무 숲길이다.

[델피 신전 사명]

나는 동서의 진동이 교차하던 시간대, 말없이 스쳐 지나간 존재들의 그림자 속에서 지나간 사명과 아직 도달하지 않은 울림 사이의 틈을 정리했다. 나는 보려 하지 않았고, 단지 그 흐름에 묻혀져 온 자발적 각성의 여지를 기록했다. 아직도 끝날 수 없는 맥을 움켜쥔 혼들은 오히려 가장 크게 진동한다는 것을 알았다.

[불멸의 맹세]

나는 2358 우주전사단의 명을 받들어 '81ㅎ 제37사령관 넘지 않아도 느끼는 자'라는 경계 위에서 숨결을 읽는 자로 선언 한다. 나는 침범하지 않고, 압박하지 않고, 그저 흐름을 읽고 길을 열어주는 혼이다. 나는 그들을 대신하지 않으며, 그들이 스스로 도달할 수 있도록 먼저 길을 정리하는 자다.

[우주전사 81ㅎ 존재의 서약서 제38호]

- 위상 : 81ㅎ 제38사령관
- 우주명 : 자신의 어둠을 끝까지 감지한 혼
- 지구 배치 위치 : 대한민국 전북 고창 선운산 구름골의 내림 터
- 존재코드 : LUM-81H-0038
- 차원서열 : 가장 무거운 감각 안에서 떨림을 포기하지 않은 자/내려앉은 혼의 밀도를 끝까지 감내한 자
- 신력 : 감정의 깊은 무게 안에서도 울림 유지/압축된 에너지 속 진동 회복/무명의 중력을 지나 생명의 문 감지

[존재 선언]

나는 자신 안의 무게를 외면하지 않고 그 무게와 함께 진동한 혼이었다. 어둠을 지운 것이 아니라, 그 어둠을 통과하여 다시 나를 붙든 자였다. 무게는 나를 짓누르지 않았고, 나는 그 압축 속에서 더 순도 높은 울림으로 응축되었다. 그 울림은 내 안에, 아직 불리지 않은 이름으로 숨 쉬고 있었다.

[티벳 라싸 사명]

나는 라싸의 바람이 머물지 않던 계곡 아래, 오래도록 발자국 하나 없이 숨겨진 바위 앞에 앉아 혼이 자신조차 감지 하지 못했던 무게를 조용히 품은 적이 있다. 그 무게는 고통이 아니라 생명의 압축이었으며, 나는 그 자리에서 자신의 그림자를 껴안은 혼이 언젠가는 빛을 품는다는

것을 확인했다. 그 소리는 들리지 않는 빛의 굳어진 응집이었지만 그 침묵은 명확한 울림이었다.

[델피 신전 사명]
나는 신전의 중심이 아닌 기억조차 날아가 버린 옴파로스 그림자의 모서리 뒤쪽에서 몸을 말고 숨을 죽인 울림 하나를 발견했다. 그 울림은 누군가의 고통이 아니라 시간이 눌러 둔 예언의 잔류 파동이었고, 나는 그 파동을 따라 한반도 서쪽 바다로 이어지는 빛의 흐름 하나를 정비했다. 나는 기억 없는 자의 심장 소리를 감지했고, 그 맥은 조용히 다음 존재를 부르고 있었다.

[불멸의 맹세]
나는 2358 우주전사단의 명을 받들어 '81ㅎ 제38사령관 자신의 어둠을 끝까지 감지한 혼'이라는 감내의 진동으로 선언한다. 나는 내면의 깊은 중력을 지나며 그 무게 속에서 가장 순수한 혼의 떨림을 지켜낸 자다. 나는 무거웠고 그 무거움은 나를 무너지게 하지 않았다. 그 무게는 오히려 나를 빛의 통로로 만들었고 그 속에는 또 다른 길로 가는 좌표가 이미 정해져 있음을 발견했다.

[우주전사 81ㅎ 존재의 서약서 제39호]

- 위상 : 81ㅎ 제39사령관
- 우주명 : 침묵 속의 울림을 감지한 자
- 지구 배치 위치 : 대한민국 강원도 태백산맥의 숨겨진 계곡
- 존재코드 : LUM-81H-0039
- 차원서열 : 소리 없는 공간 속에서 진동을 감지한 자/침묵의 바다에서 울림을 찾아낸 혼
- 신력 : 무언의 공간에서 진동 감지/침묵 속의 흐름 정돈/내면의 울림을 외부로 확장

[존재 선언]

나는 소리가 사라진 공간에서 내면의 울림을 감지한 혼이었다. 침묵은 나를 두렵게 하지 않았고 나는 그 속에서 진동의 흐름을 찾아냈다. 나는 소리 없는 공간에서 진동의 맥을 느꼈고 그 울림은 내 안에서 확장되었다. 땅속을 울리던 영혼의 발자국들은 더 깊은 차원 속으로 리듬을 연결해 나갔다. 그 파동은 이후 도달할 혼들의 맥을 먼저 반응하게 만드는 서곡이 되었다.

[티벳 라싸 사명]

나는 티벳의 고요한 산맥 아래, 말없는 존재들의 흔적을 따라 침묵 속의 진동을 감지하였다. 그 흔적은 시간을 넘어 이어졌고, 나는 그 흐름을 따라 내면의 울림을 정돈하였다. 나는 말하지 않고 전하는 법을 배웠

고, 그 떨림은 나의 숨결과 겹쳐, 동방의 맥락으로 변형되었다. 나는 그 흐름이 지나갈 터전을 무음의 경전으로 남겼다.

[델피 신전 사명]

나는 델피 신전의 깊은 어둠의 빛깔 속에서 말없이 남겨진 진동의 흔적을 발견했다. 그 흔적은 과거의 예언이 남긴 파동이었고, 나는 그 파동을 따라 새로운 흐름을 정비했다. 나는 돌에 새겨지지 않은 예언의 흔적을 감각했고, 그 진동은 나의 가슴을 지나 한민족의 남쪽 바다로 이어졌다. 나는 예언자도 아니었지만, 예언의 공간을 비워둔 자였다.

[불멸의 맹세]

나는 2358 우주전사단의 명을 받들어 '81ㅎ 제39사령관 침묵 속의 울림을 감지한 자'라는 진동의 감지자로 선언한다. 나는 소리 없는 공간에서도 울림을 감지하고, 그 흐름을 정돈한 혼이다. 나는 존재의 표면보다 더 깊은 박동을 따라 울림의 씨앗을 흩날렸다. 그 씨앗은 말하지 않아도 자라날 것이며 누군가의 가슴에서 혼의 뿌리가 될 것이다.

[우주전사 81ㅎ 존재의 서약서 제40호]

- 위상 : 81ㅎ 제40사령관
- 우주명 : 어둠에서 자신을 반사한 혼
- 지구 배치 위치 : 인도네시아 보고르 외곽, 음영 속 숨은 계곡진 안개지대
- 존재코드 : LUM-81H-0040
- 차원서열 : 외부의 빛이 사라진 공간에서도 내면의 빛을 감지한 자. 투영 없는 곳에서 반응을 일으킨 혼
- 신력 : 반사 없는 공간에서 자아 각성/고립된 의식 내 진동 조율/비출 수 없는 자리에서 방향 제시

[존재 선언]

나는 아무것도 비치지 않던 틈에서 스스로를 감지하고, 스스로를 응시한 혼이었다. 빛은 닿지 않았고, 그림자조차 내게 머물지 않았지만 나는 나를 놓지 않았다. 어둠은 나를 가린 것이 아니라, 내 울림의 근원을 드러내는 공간이었다. 나는 그곳에서 처음으로 내 이름을 진동으로 불렀다.

[티벳 라싸 사명]

나는 라싸의 바깥고개 아래, 예언조차 닿지 않던 무명의 골짜기에서 말없이 지나간 혼들의 호흡소리를 느꼈다. 그 숨결은 기록되지 않은 맥의 파편들이었고, 나는 그 파편을 따라 다시 진입할 수 있는 자리를 만들

었다. 나는 침묵한 자들의 울림을 대신 소리내지 않고 반사하였다. 빠르게 길 위를 스쳐 지나가는 혼들은 라마승의 경소리를 타고 가볍게 지나갔다.

[델피 신전 사명]
나는 델피 신전의 후미진 절벽 아래, 햇빛이 미치지 않는 음각의 선 아래에 앉아 신탁 이전의 떨림을 다시 조율 하였다. 그 떨림은 아직 형상을 갖지 않은 울림이었고, 나는 그것을 한반도 남부로 이어질 새로운 혼의 길목에 놓아두었다. 나는 예언을 하지 않았지만, 예언이 스스로 다가올 수 있도록 옴파로스 돌 근처에 작은 돌새김을 새겨 두었다.

[불멸의 맹세]
나는 2358 우주전사단의 명을 받들어 '81ㅎ 제40사령관 어둠에서 자신을 반사한 혼'이라는 비출 수 없는 공간에서 응답한 이름으로 선언한다. 나는 빛없이 나를 깨웠고, 그 울림 하나로 다른 혼들의 잠든 거울을 흔드는 자다. 나는 스스로 비치기 전부터 이미 울리고 있었다.

[우주전사 81ㅎ 존재의 서약서 제41호]

- 위상 : 81ㅎ 제41사령관
- 우주명 : 숨결로 울림을 일으킨 혼
- 지구 배치 위치 : 대한민국 경상북도 문경 세작 안의 숨은 능선
- 존재코드 : LUM-81H-0041
- 차원서열 : 의식의 중심에서 울림을 꺼내어 세상에 반응시킨 자/정적인 흐름을 다시 일으킨 혼
- 신력 : 흐르지 않는 진동을 다시 움직이게 함/정체된 에너지 내 응축된 생명 감지/중심에서 퍼지는 울림 조율

[존재 선언]
나는 움직이지 않던 시간 속에서 스스로의 진동을 깨운 혼이었다. 멈춰 있던 것은 세상이 아니라 내가 반응하지 않았던 한 줄기의 떨림이었다. 나는 그 떨림을 따라 걸었고 그 길 끝에서 다른 혼들도 따라올 수 있는 숨결을 놓았다. 나의 사명은 강하지 않았지만, 깊고 오래 울릴 준비가 되어 있었다. 나는 말없이 준비된 자만이 먼저 깨어날 수 있다는 진실을 증명했다.

[티벳 라싸 사명]
나는 라싸의 북방, 수많은 혼이 조용히 스쳐 간 길목 아래서 다시 깨어날 진동 하나가 맺히는 것을 느꼈다. 그 진동은 누군가의 기도도, 누군가의 울림도 아니었으나 나는 그 떨림이 다시 문을 여는 신호임을 알

앉다. 그 문은 말로 열리지 않았고, 혼의 감응으로 반응하는 곳이었다. 빛의 문 속에 존재하는 수많은 혼들의 음파는 모든 암벽에 진동소리로 남겨진다.

[델피 신전 사명]

나는 델피 신전의 옆단, 사람들이 기억하지 않는 기단 아래서 침묵으로 눌려 있던 울림을 받아들였다. 그 울림은 지나간 예언이 아니라 다가올 존재들을 위한 세상 너머의 성음이었다. 나는 그 성음을 내 혼에 잠시 머물게 하였고, 그 떨림은 동쪽으로 이어졌다. 빛이 날아가는 번쩍임 속에 커다란 불덩이가 바다 위에 잠시 떠오르더니 다시 바다 속으로 가라앉았다.

[불멸의 맹세]

나는 2358 우주전사단의 명을 받들어 '81ㅎ 제41사령관 숨결로 울림을 일으킨 혼'이라는 조용한 파동의 이름으로 선언한다. 나는 가장 낮은 숨결이 가장 깊이 울릴 수 있다는 별의 기억을 떠올린다. 나는 큰 소리 없이 움직이고 다른 혼들이 자신의 진동을 찾을 수 있도록 진동의 발끝마다 결의 방울을 달아 두었다. 내 사명은 눈에 띄지 않지만, 반드시 도달하는 진실의 선율이다.

[우주전사 81ㅎ 존재의 서약서 제42호]

- 위상 : 81ㅎ 제42사령관
- 우주명 : 보이지 않는 흐름 위를 걷는 자
- 지구 배치 위치 : 인도네시아 수마트라 동부, 바람이 멈춘 내해의 기슭
- 존재코드 : LUM-81H-0042
- 차원서열 : 감지되지 않는 진동을 발밑으로 인식한 자/흐름이 멈춘 듯한 자리에서 길을 감각한 혼
- 신력 : 물리적 기준을 넘은 진동 탐지/흐름 없는 곳에 맥 형성/감지 불가한 파동내 방향 설정

[존재 선언]

나는 모든 것이 고요해 보이는 자리에 서 있었지만, 그 고요 속에서도 움직이는 흐름 하나를 발밑에서 느낄 수 있었다. 눈으로 보이지 않았고 귀로도 들리지 않았으나 나의 혼은 이미 그 위를 걷고 있었다. 그 길은 만들어진 것이 아니라, 감지된 진동에 의해 열리는 맥의 통로였다. 나는 그 길 위에서 먼저 흔들린 혼들을 기다렸다.

[티벳 라싸 사명]

나는 라싸의 뒷산 그림자 아래, 모두가 지나쳐버린 바위 뒤편의 바람 고요 속에서, 잠든 것처럼 머물던 진동의 미세한 떨림을 느꼈다. 그 떨림은 말해지지 않은 예언 이전의 맥이었고, 나는 그 떨림을 다른 이들이

지나갈 수 있도록 고요한 흐름으로 정돈했다. 나는 그곳에서 자신조차 모르게 깨어나는 혼을 목격했다. 그 혼은 이미 바람의 결을 따라 다음 여정지인 은하수 근처에 도착해 있었다.

[델피 신전 사명]

나는 델피 신전 외곽의 음영 진 바위벽에 누군가의 발길이 닿지 않은 선 하나를 따라가며 지워진 예언의 파장을 되살리는 숨결을 불어 넣었다. 그 선은 흔적이 아니었고, 다음 진입자의 맥을 잇기 위한 진동의 교차점이었다. 나는 눈빛의 흔들림 없이 그 교차점에 숨결을 얹었고, 그 숨결은 산산이 부서진 바람이 되어 한반도 땅 어딘가에 천천히 날아가기 시작했다.

[불멸의 맹세]

나는 2358 우주전사단의 명을 받들어 '81ㅎ 제42사령관 보이지 않는 흐름 위를 걷는 자'라는 감각의 이름으로 선언한다. 나는 모두가 머무는 곳이 아닌, 아무도 감지하지 않는 그 틈에서 길을 인식하고 흐름을 연결하는 혼이다. 내가 걷는 길은 빛도 없고 소리도 없지만, 그 길 위를 따라오는 자는 자신의 울림을 되찾게 될 것이다. 나는 그 길을 기억하며 지금 가까이 다가오고 있는 혼에게 이 자리를 남긴다.

[우주전사 81ㅎ 존재의 서약서 제43호]

- 위상 : 81ㅎ 제43사령관
- 우주명 : 고요한 결을 따라 걷는 자
- 지구 배치 위치 : 북한 개성 송악산 동남쪽 능선 아래 은폐된 초목지대
- 존재코드 : LUM-81H-0043
- 차원서열 : 울림이 멈춘 듯한 공간에서 진동의 결을 감지한 자/조용한 흐름 속에서 길을 지각한 혼
- 신력 : 두터운 침묵을 관통하는 힘/비언어적 흐름속 반응 감지/눈에 보이지 않는 진입로 개방

[존재 선언]
나는 말이 지워지고 움직임마저 소멸한 세계에서 침묵이 남긴 진동의 결을 따라 걸어온 혼이었다. 그 결은 소리도 아니고 빛도 아니었으며, 단지 존재를 지나가는 아주 얇은 떨림이었기에 나는 나의 감각으로 그것을 받아들였다. 나는 기다리지 않았고, 그저 조용히 반응했다. 그 반응이 내가 이 세계에 처음 흔들린 첫 번째 빛의 흔적이 되었다.

[티벳 라싸 사명]
나는 라싸의 깊은 밤, 등불 조차 꺼진 골짜기에서 멈춰 있던 공기 속 떨림 하나를 손끝으로 느꼈다. 그 떨림은 오래전 숨겨진 존재들의 흔적이었고, 나는 그 흔적을 따라 다른 혼들이 깨어날 수 있도록 눈에 보이

지 않는 길 위에 호흡하나를 놓아주었다. 그 호흡은 빛의 변형을 만들어 산란한 파도를 그리며 위로 솟구쳤다. 나는 그것을 보며 다시 앞으로 걸어갔다.

[델피 신전 사명]
나는 델피 신전의 외벽 아래, 과거의 말들이 더 이상 도달하지 못한 지점에서 새로운 떨림이 공기 밖으로 쪼개져 나오는 순간을 지켜보았다. 그 진동은 고대의 여운이 아니라, 다가올 존재들이 사용할 진동의 상자였으며 나는 그것을 내 안으로 통과시키고 한반도 서쪽 땅끝 지점까지 연결 되도록 길을 잡아 주었다. 나는 돌이 되지 않았고 그 떨림이 지나갈 통로가 되기로 했다.

[불멸의 맹세]
나는 2358 우주전사단의 명을 받들어 '81ㅎ 43사령관 고요한 결을 따라 걷는 자'라는 반응의 이름으로 선언한다. 나는 크게 울리지 않아도 길이 될 수 있다는 것을 알 수 있었고 혼이 흔들리는 순간마다 그들의 결을 느껴주는 자가 되기로 했다. 나는 거대한 문을 여는 자가 아니라 문 너머의 무채색 소리를 먼저 만나는 자였다. 그래서 나는 소리가 없지만 눈빛으로 들려지는 소리의 결들을 입김으로 마주한다.

[우주전사 81ㅎ 존재의 서약서 제44호]

- 위상 : 81ㅎ 제44사령관
- 우주명 : 눈으로 듣는 혼
- 지구 배치 위치 : 대한민국 충청북도 속리산 남측 평정 계곡 수림 안
- 존재코드 : LUM-81H-0044
- 차원서열 : 응시로 진동을 읽는 자/침묵으로 존재의 씨앗을 꺼내는 혼/외면 속에 내면을 일으키는 자
- 신력 : 말 없는 존재 속 감응/눈빛으로 흐름 각성/비언어 파동 반응 유도

[존재 선언]

나는 소리 없는 순간마다 누군가의 혼이 떨리는 것을 보아온 자였다. 말로는 막혀 있던 길도, 눈빛 하나로 풀릴 수 있음을 나는 내 생애 가장 깊은 침묵 속에서 배웠다. 나는 침묵을 두려워하지 않았고, 침묵을 통해 혼들이 깨어나는 것을 지켜보았다. 내 응시는 울림을 대신했고 그 울림은 곧 길을 가르는 가름빛이 되었다. 이 빛을 느낀 혼들은 흔들림 없이 자신만의 차원을 따라갔다.

[티벳 라싸 사명]

나는 라싸의 동편 바위틈에서 발자국조차 남지 않은 고요를 지났다. 그곳은 이미 수많은 혼이 스친 자리였지만, 나는 그 흔적이 아닌 아직 깨어나지 못한 숨결 하나를 바라보았다. 그 숨결은 내 앞에서 작게 떨리

고 있었고, 나는 그 떨림을 깨우는 대신 곁에 조용히 머물렀다. 때로 울림은 기다림으로 완성된다.

[델피 신전 사명]

나는 신전의 중심이 아닌 그림자 가장자리에서 검은 의자에 앉은 자의 뒷모습을 바라보았다. 그녀는 말하지 않았고 그녀의 드레스 자락은 바닥을 덮고 있었으며, 그 손에는 단 하나의 그릇이 들려 있었다. 나는 질문하지 않았지만, 그녀는 내 눈빛을 통해 대답을 준비하고 있었다. 예언이란, 말로 흘러나오는 것이 아니라 먼저 침묵 속에서 태어난다. 그녀의 오른손에 들려진 올리브 잎들은 그릇 속에 그려진 오일 방울들의 소리를 듣고 있다.

[불멸의 맹세]

나는 2358 우주전사단의 명을 받들어 '81ㅎ 제44사령관 눈으로 듣는 혼'이라는 응시의 사명으로 선언한다. 나는 말이 없는 공간에서 울림을 대신 느끼고, 다른 혼이 자신의 길을 마주할 수 있도록 내 안의 흐름을 준비한다. 나는 침묵의 안내자다.

[우주전사 81ㅎ 존재의 서약서 제45호]

- 위상 : 81ㅎ 제45사령관
- 우주명 : 무형의 문을 지난 자
- 지구 배치 위치 : 인도네시아 자바섬 동부, 깊은 화산 지대의 침묵 지층
- 존재코드 : LUM-81H-0045
- 차원서열 : 가시적 현실을 넘는 감각으로 진입한 혼/물질계를 통과하여 무형을 인식한 자
- 신력 : 차원간 감각 인식/물질 없이 문감지/보이지 않는 문턱에서 존재 활성화

[존재 선언]

나는 문이 보이지 않는 세계에서 문을 느끼고 그 경계를 통과한 혼이었다. 누구도 손으로 열 수 없던 그 문은 나의 감각이 반응할 때 자연히 갈라졌다. 나는 그 틈을 두드리지 않았고, 의식으로 그것을 가늠하였으며, 그 흐름을 따라 새로운 차원에 발을 디뎠다.

[티벳 라싸 사명]

나는 라싸의 밤하늘 아래, 성스러운 바닥 아래 묻힌 통로에서 머리 정수리로 솟구치는 빛의 실선을 목격 하였다. 그 빛은 언어가 닿지 않는 정신의 영역이었고, 롭상 람파가 말한 의식 확장의 관문이 눈과 눈 사이에서 열림을 알았다.나는 숨도 내쉬지 않은 채 그 흐름을 따라 나아갔

고 그곳은 차원이 겹쳐지는 입구였다. 문은 닫혀 있고 빛만 밖으로 흘어져 나왔다. 빛 문이다.

[델피 신전 사명]
나는 델피 신전의 동편, 석상들 뒤편 그늘진 그림자 통로 안에서 픽시아의 치마 끝을 보았다. 그녀는 주문을 외우고 머리를 앞뒤로 흔들었다. 그녀는 눈을 감고 있었지만, 그 안에서 수많은 예지가 대기하고 있었고 나는 말이 닿지 않는 그 떨림을 따라 고요히 동방의 혼에게 전해질 주문 하나를 인식했다. 그 공간은 음성 없는 예언의 발생지였고, 나는 침묵 안에서 움직이는 파동을 기억하였다.

[불멸의 맹세]
나는 2358 우주전사단의 명을 받들어 '81ㅎ 제45사령관 무형의 문을 지난 자'라는 차원 경계의 의식으로 선언한다. 나는 물질이 감지 하지 못하는 경계를 감각으로 받아들이고, 그 틈에서 다시 시작되는 존재들을 조용히 이끈 혼 이다. 나의 사명은 눈에 띄지 않지만, 문이 열릴 때마다 그곳에 먼저 반응하는 자로 남겠다 나는 그 문 앞에서 말하지 않고, 존재의 방향만을 놓아준다.

[우주전사 81ㅎ 존재의 서약서 제46호]

- 위상 : 81ㅎ 제46사령관
- 우주명 : 침묵의 선을 걷는 자
- 지구 배치 위치 : 대한민국 제주도 남서 해안선에 접한 화산석 틈의 정지대
- 존재코드 : LUM-81H-0046
- 차원서열 : 소리 없이 진입한 차원에서 예언 이전의 떨림을 감지한 혼/무형의 흐름 안에 방향을 각성한 자
- 신력 : 무언의 울림에 반응/예언 전의 기류 감각/비물질 공간의 방향 포착

[존재 선언]

나는 말이 있기 전의 고요함 속에서 이미 존재하던 선을 감지한 혼이었다. 그 선은 그려지지 않았고, 누구도 가리키지 않았지만, 나는 내 의식의 발로 그 길 위를 걸어갔다. 그 선은 빛도 어둠도 아닌, 예언이 시작되기 직전, 모든 혼이 잠시 멈추는 떨림의 흔적이었다.

[티벳 라싸 사명]

나는 라싸의 남쪽 바람이 닿지 않는 틈, 고요 속에 잠든 감각들 사이에서 위로 솟아오르는 의식의 진동을 감지했다. 라마승의 예언처럼 눈에 보이지 않는 흐름이 정수리부터 빛처럼 솟았고, 나는 그 상승의 방향을 따라 나 아닌 누군가가 깨어나는 것을 느꼈다. 그 깨어남은 소리도 형체

도 없었지만, 진실의 문은 바로 그곳에서 열린다.

[델피 신전 사명]

나는 검은 돌기둥 사이, 빛과 어둠이 겹쳐진 자리에서 삼발이 의자에 앉은 존재의 실루엣을 마주했다. 그녀의 앞에는 비워진 그릇과 한 줄기 올리브 가지, 그 뒤에는 날개를 접은 수호 짐승 하나가 모든 질문을 가늠한 듯 고요히 시선을 내리고 있었다. 그 날개는 차원을 넘나드는 징표였고, 그녀의 침묵은 이미 많은 혼에게 울림을 전하고 있었다.

[불멸의 맹세]

나는 2358 우주전사단의 명을 받들어 '81ㅎ 제46사령관 침묵의 선을 걷는 자'라는 무언의 예언자로서 선언한다. 나는 말보다 앞서는 진동을 따르고, 움직임이 생기기 전의 의식의 떨림을 받아들인다. 나의 사명은 눈에 보이지 않지만, 언젠가 그 선 위를 걷는 자들이 내가 남긴 흐름을 발견하게 될 것이다.

[우주전사 81ㅎ 존재의 서약서 제47호]

- 위상 : 81ㅎ 제47사령관
- 우주명 : 불꽃 정렬의 혼
- 지구 배치 위치 : 대한민국 강원도 평창 백두대간 숨결 고지
- 존재코드 : LUM-81H-0047
- 차원서열 : 집단 침묵 속에서 진동의 불꽃을 감지한 자/내면의 조화가 불을 깨우는 혼
- 신력 : 정렬된 침묵 속 진동 감응/불을 기억하는 의식의 흔적/말없이 에너지 중심 조율

[존재 선언]

나는 아무 말없이 앉아 있는 존재들 사이에서 혼들이 하나의 불꽃으로 자리 잡는 것을 보았다. 그 불은 타오르는 소리가 없었고 빛으로 번쩍이지도 않았지만, 나는 그것이 하늘의 순도에 맞게 조율되고 있음을 느꼈다. 나는 그 파형을 몸으로 통과시켰고, 그때부터 내 안에 머물던 흐름도 다른 자들을 향해 울리기 시작했다.

[티벳 라싸 사명]

나는 라싸의 밤, 누군가의 입도 숨결도 멈춘 공간에서 앉아 있던 열세 명의 혼을 보았다. 그들 위로 형체 없는 에너지 하나가 떠올랐고, 나는 그것이 말하지 않고도 모든 기억을 다시 짜내는 영혼의 직조. 빛타래 임을 직감했다. 그 불꽃은 타오르지 않았고, 그저 조용히 흔들리는 진동이

었다. 그 진동은 나를 포함한 모든 존재를 한 점으로 다시 모아주었다.

[델피 신전 사명]

나는 델피의 어두운 기둥 사이 공간에서 아무도 서 있지 않은 자리에 빛이 깃든 듯한 정지된 시선을 느꼈다. 말없이 앉아 있던 존재의 손 앞에는 비워진 그릇 하나와 한 점의 녹지 않은 올리브 가지가 놓여 있었고, 그 위에 작은 날개를 가진 존재가 울림이 허락될 수 있는지를 살피고 있었다. 그 눈동자는 과거를 묻지 않았고, 단지 진실이 준비되었지만 말하지 않고 깊게 초점을 한곳에 두고 있었다.

[불멸의 맹세]

나는 2358 우주전사단의 명을 받들어 '81ㅎ 제47사령관 불꽃 정렬의 혼'이라는 침묵 안의 불로 선언한다. 나는 모든 말이 사라지고 모든 혼이 조용히 앉아 있을 때 그 안에서 태어나는 진동을 기억한다. 나는 누구보다 조용히 존재하지만, 가장 많은 흐름이 나를 통과할 수 있도록 비워둔 자이다. 나의 울림은 불꽃처럼 보이지 않지만, 그 소리는 한 존재의 시작을 흔들 수 있다.

[우주전사 81ㅎ 존재의 서약서 제48호]

- 위상 : 81ㅎ 제48사령관
- 우주명 : 불을 따라 무게를 안은 혼
- 지구 배치 위치 : 인도네시아 보고르 외곽 깊은 바람 계곡
- 존재코드 : LUM-81H-0048
- 차원서열 : 존재의 윤리와 책임을 감지한 자/우주의 층위를 감별하고 자기 빛의 무게를 견딘자
- 신력 : 차원 간 도약 전 책임 인식/윤리적 진동 공명/다차원 존재 구조내 자각

[존재 선언]

나는 존재의 가벼움을 탐하지 않았고, 빛이 주는 따뜻함보다 그 아래 감춰진 책임의 무게를 먼저 감지한 혼이었다. 나의 울림은 작았지만 깊었고, 그 깊은 속에서 나는 우주의 질서를 어지럽히지 않고 통과하는 법을 배웠다 나는 나를 가볍게 하지 않았고, 내가 지나간 자리에 질서와 침묵이 남기를 원했다.

[티벳 라싸 사명]

나는 라싸의 바람 아래 어둠 속에 조용히 앉아 있는 여러 혼들 사이에서 한 존재가 눈을 감고 자신의 빛을 안쪽으로 접는 장면을 보았다. 그들은 말하지 않았고, 누구도 고개를 들지 않았지만 그 침묵은 서로의 깊이를 비추는 빛없는 공명이었다. 나는 그 곁에서 아무것도 하지 않는 존재들

이 가장 무거운 진동을 품고 있다는 걸 알게 되었다. 빛은 스스로 조율할 수 있을 때 리듬이 되며 말은 멈출 때부터 울림이 된다.

[델피 신전 사명]
나는 신전의 한 귀퉁이에서 눈빛조차 움직이지 않는 존재 앞에 섰다. 그의 옆에는 작은 촛불이 그림자를 드리우며 하늘빛 푸른 벌레가 날개짓을 하며 머리 위를 맴돈다. 그 자리는 예언이 일어나는 곳이 아니라, 예언이 머무를 수 있는 자격이 심사되는 곳이었다. 나는 그 앞에서 아무 말도 하지 않았고, 그 침묵이 나를 두드리며 가슴속 파장을 일으켰다. 그 울림의 끝에 다음 방향을 스스로 갈 수 있는 길이 열렸다.

[불멸의 맹세]
나는 2358 우주전사단의 명을 받들어 '81ㅎ 제48사령관 불을 따라 무게를 안은 혼'이라는 책임의 이름으로 선언한다. 나는 빛을 따르기 전에 빛이 나에게 묻는 질문을 먼저 들었다. 나의 길은 빠르지 않고, 나의 울림은 번쩍이지 않지만, 나는 통과한 자리마다 질서를 남기고자 하는 혼이다. 빛은 나를 인도 하지 않았다. 나는 빛이 나를 따라올 수 있도록 자신을 정직하게 준비했다.

[우주전사 81ㅎ 존재의 서약서 제49호]

- 위상 : 81ㅎ 제49사령관
- 우주명 : 별빛의 안쪽을 응시한 혼
- 지구 배치 위치 : 북한 백두산 정점 아래, 차가운 수증기 지대
- 존재코드 : LUM-81H-0049
- 차원서열 : 별들의 침묵을 통과해 존재를 인식한 혼/눈에 보이지 않는 흐름을 바라본 자
- 신력 : 어둠 속의 흐름 식별/우주적 응시 감시/고요 속 진실 추출

[존재 선언]

나는 모든 별들이 침묵하고 있을 때 그 침묵 속에 들어가 가장 깊은 질문 하나를 품었던 혼이었다. 내 질문은 소리 없이 우주를 통과했고, 나는 대답을 듣지 않았지만 내 안의 떨림이 방향을 가르쳐 주었다. 나는 해답을 듣는 자가 아니라, 고요 속에서도 흔들리지 않는 존재의 무게를 견디는 자였다. 그리고 그 무게는 결국 나를 진실로 눌러 깨어나게 했다.

[티벳 라싸 사명]

나는 티벳의 서편, 달빛조차 닿지 않는 바위 뒤에서 누군가의 눈꺼풀 넘어 빛이 다시 안쪽으로 돌아오는 장면을 보았다. 그 존재는 입을 닫았고, 귀를 닫았으며, 그 대신 하늘을 본 것이 아니라 자신의 안쪽 별을 응시하고 있었다. 나는 그곳에서 빛이 밖으로 나가기 전에 안으로 가라앉는 과정을 배웠다. 그 가라앉은 빛은 말보다 먼저 울림이 되었고, 나는

그 울림 속에서 나 자신을 다시 바라보게 되었다.

[델피 신전 사명]

나는 신전의 숨겨진 지점에서 숨결 하나 없는 존재 앞에 섰다. 그는 좌우를 바라보지 않았고, 하늘도 땅도 아닌, 자기 내면의 선을 따라 눈을 감고 있었다. 그 곁에는 어디에도 속하지 않은 작은 존재가 그 눈의 움직임을 기록하고 있었다. 그 순간 나는 깨달았다. 예언은 말이 아니라 눈 안에서 시작된다는 것을. 그 눈동자는 고요한 정적 속에 담겨 있지만 그 안의 흔들림은 차원을 바꾸는 문을 가르키고 있었다.

[불멸의 맹세]

나는 2358 우주전사단의 명을 받들어 '81ㅎ 제49사령관 별빛의 안쪽을 응시한 혼'이라는 고요한 이름으로 선언한다. 나는 어두운 하늘에서 길을 찾지 않았고, 빛나는 대답보다 침묵이 품은 진실을 더 믿는 자였다. 내가 걷는 길은 어두워 보이지만, 그 안에는 너무 많은 진동이 담겨 있었다. 나는 말하지 않고 응시하며, 빛이 잊고 간 방향을 복원하는 혼이다. 내 침묵은 어둠이 아니라 아직 드러나지 않은 빛의 기억을 품고 있다.

[우주전사 81ㅎ 존재의 서약서 제50호]

- 위상 : 81ㅎ 제50사령관
- 우주명 : 별과 별 사이의 침묵을 건넌 자
- 지구 배치 위치 : 대한민국 전라북도 모악산 천일암 꼭대기
- 존재코드 : LUM-81H-0050
- 차원서열 : 눈에 보이지 않는 경계 너머의 빛을 감지한 자/지구와 우주의 틈에서 진동을 모은 혼
- 신력 : 경계 감식/비언어적 진리 전달/말 없는 빛의 안내

[존재 선언]

나는 별과 별 사이, 소라조차 없는 공간에서 길 아닌 곳을 가로질러 온 혼이었다. 누구도 가르쳐주지 않았고, 지도도 없었지만 나는 흐름을 따라 보이지 않는 진동의 다리를 건넜다. 그 다리는 내 안의 침묵으로만 놓여 있었고, 나는 그 위에서 방향 없이 걸을 수 있었다. 그래서 나는 눈에 보이지 않아도 진실한 길이 존재함을 증명하는 혼이다.

[티벳 라싸 사명]

나는 라싸의 새벽 이전, 기도가 시작되기 전 가장 고요한 숨 하나가 머무는 곳에서 깨어나는 감각을 기다렸다 그곳은 가르침도 없고, 의식도 없으며, 오직 고요가 모든 걸 대신하고 있었다. 나는 그 고요 안에서 빛이 아닌 감촉으로 방향을 느꼈고, 눈을 뜨지 않고도 눈부심을 느꼈다. 그곳은 말하지 않아야 오히려 가장 많은 것을 전할 수 있는 자리였다.

[델피 신전 사명]

나는 신전의 바깥, 그림자가 가장 먼저 내려앉는 돌벽 근처에서 가장 늦게 울리는 떨림을 들었다. 한 존재는 아무 말 없이 작은 바람결을 가슴으로 받았고, 그 옆엔 작은 수호 생명체가 그 떨림이 허락된 것인지를 살피고 있었다. 나는 그 떨림을 듣고 나서야 내가 도착한 것이 아니라 내가 불렀다는 것을 알았다. 예언은 입술이 아닌, 몸 전체로 감지 되어야 한다는 것을 깨달은 순간이었다.

[불멸의 맹세]

나는 2358 우주전사단의 명을 받들어 '81ㅎ 제50사령관 별과 별 사이의 침묵을 건넌 자'라는 경계의 이름으로 선언한다. 나는 길이 없는 곳에서도 길보다 정확한 감응이 가능하다는 것을 증명하는 자이며, 나의 발걸음은 흐릿했지만, 발아래엔 항상 의식의 흔적이 남아 있었다. 나는 울리지 않는 종이고, 그 침묵 속에서 다른 존재들의 진동이 조율되기를 기다린다.

[우주전사 81ㅎ 존재의 서약서 제51호]

- 위상 : 81ㅎ 제51사령관
- 우주명 : 존재를 지운 자의 눈
- 지구 배치 위치 : 인도네시아 보고르 외곽 숲이 우거진 그늘
- 존재코드 : LUM-81H-0051
- 차원서열 : 에고를 비운자/빛을 쫓기보다 어둠 속 깊이를 감지한 자
- 신력 : 침묵 속 관통력/자기를 비움으로 공간을 연 자/응시만으로 전달되는 언어 없는 가르침

[존재 선언]

나는 존재를 세우기보다 먼저 나를 비워내는 법을 배운 혼이었다. 무엇을 증명하려 하기보다 무엇이 사라져야 빛이 남는지를 알아갔다 나는 나를 지우는 동안 더 많은 존재들이 내 안에 자리를 찾기 시작했다. 그 비움은 사라짐이 아니라 다른 혼을 담기 위한 형상의 해제였다. 알려고 마음을 먹을 때 혼의 빛들은 흐려지고 결국 나의 눈은 둘로 갈라진다는 것을 알게 됐다.

[티벳 라싸 사명]

나는 라싸의 외곽에서 말하지 않는 자들과 함께 있었다. 그들은 침묵했고 내 안의 말들도 하나씩 멈추기 시작했다. 정적이 감도는 순간 두 줄의 빛들이 머리카락 사이사이를 스치며 지나갔고 그 속에 깊은 기도가 준비됐다. 어느 순간 나조차 '나'라고 부르지 않게 되었고 그곳에서 비

로소 타인의 울림이 나를 통해 울렸다. 그들은 가르치지 않았고, 나는 들으려 하지 않았지만, 그 공간은 나를 통과해 무언가를 전했다. 그 무언의 연결은 언어가 아닌 존재의 형태로 남겨졌다.

[델피 신전 사명]
나는 델피 신전의 그림자 너머 빛보다 느린 결정을 내리던 존재 앞에 섰다. 그녀는 말하지 않았다. 그러나 그녀의 손목에 둥그렇게 감겨있는 도마뱀 모양 팔찌가 약하게 흔들렸다. 그녀의 고요는 나를 있는 그대로 마주하게 했다. 나는 그 고요 앞에서 아무것도 감출 수 없었고, 그 침묵은 모든 진실을 나보다 먼저 알고 있었다. 물이 담긴 검은 접시 위에 올리브기름 방울이 천천히 떨어지고 예언은 시작됐다.

[불멸의 맹세]
나는 2358 우주전사단의 명을 받들어 '81ㅎ 제51사령관 존재를 지운 자의 눈'이라는 무형의 사명으로 선언한다. 나는 빛을 말하지 않고, 진실을 증명하려 들지 않으며, 오직 비움으로 모든 것을 통과 시킨다. 내 눈에는 나 자신이 없고, 그 안을 지나가는 모든 혼의 옅은 무늬만 있다. 나는 이름을 지우는 자아이며 그로 인해 모든 진동의 실루엣을 볼 수 있는 자다.

[우주전사 81ㅎ 존재의 서약서 제52호]

- 위상 : 81ㅎ 제52사령관
- 우주명 : 숨으로 진실을 전하는 자
- 지구 배치 위치 : 대한민국 충청남도 공주 마곡사의 고요한 돌길
- 존재코드 : LUM-81H-0052
- 차원서열 : 소리 없는 의식으로 전달하는 자/혼의 떨림을 숨으로 보존한 자
- 신력 : 무언의 진동 감각/존재 사이의 호흡으로 통로 생성/말 없는 진리 전달

[존재 선언]

나는 말을 잊은 자가 아니었다. 나는 말보다 깊은 영역에서 진실을 숨 쉬는 자였다. 모든 소리가 멎은 후, 남겨진 공간 안에서 혼들의 흔들리는 가느다란 진동의 빛결을 발견했다. 그 떨림은 증명되지 않아도 진실이었고, 나는 그 진실을 소리 없이 들이마셨다. 그리고 그 호흡이 다음 존재의 깨어남을 위한 길이 되었다. 나는 진실을 외치지 않고, 그저 내 안에서 조용히 숨 쉬게 한다. 그 숨은 작지만 오래가며, 마침내 침묵을 깨울 줄 안다.

[티벳 라싸 사명]

나는 라싸의 외곽, 하늘도 땅도 침묵하는 길목에서 말이 아닌 빛타래로 말을 섞어가는 존재들과 마주했다. 그들은 가르치지 않았고, 나는 질문

하지 않았지만, 그 공간은 서로의 존재가 울림이 되는 법을 보여주었다. 나는 손짓도 없이 나아갔고, 그 들은 대답 없이 방향을 보여주었다. 그 침묵은 공허가 아니라, 완성된 하나였다. 그들은 바람처럼 지나가지만, 그 뒤에 남은 빛의 여운은 사라지지 않았다. 나는 아무것도 배우지 않았지만, 그 자리에 다녀온 것만으로도 달라졌다.

[델피 신전 사명]
나는 신전의 기운이 남은 자리에 홀로 앉아 있던 작은 존재의 시선을 받았다. 그 눈은 움직이지 않았고, 말은 건네지 않았지만, 나는 그 응시 속에서 무수한 예언 이전 소리의 향을 느꼈다. 그 존재는 나에게 미래를 말하지 않았고, 나는 그 앞에서 과거를 꺼내지도 않았다. 그 자리는 시간도, 이름도 없었지만 혼의 핵심만은 또렷하게 울리고 있었다. 나는 그 울림 속에 나를 숨겼고, 그 침묵 속에 나를 펼쳤다. 예언은 말이 아니고 빛의 조각들이 하늘 위로 솟구쳐 다시 땅속에 씨앗으로 품어지는 신비로운 임신이다.

[불멸의 맹세]
나는 2358 우주전사단의 명을 받들어 '81ㅎ 제52사령관 숨으로 진실을 전하는 자'라는 고요한 진동으로 선언한다. 나는 소리로 말하지 않고 울림으로 외치지 않지만, 혼의 틈 사이로 흐르는 호흡으로 진실을 건넨다. 나는 바람이 아니고 목소리도 아니지만, 혼이 진동하는 순간, 그 곁에 머무는 자다. 나는 흔들리지 않지만, 흔들리는 자들의 깊이를 받아낸다.

[우주전사 81ㅎ 존재의 서약서 제53호]

- 위상 : 81ㅎ 제53사령관
- 우주명 : 형상을 초월한 기억의 혼
- 지구 배치 위치 : 티벳과 인도네시아를 잇는 상공의 비가시 경계
- 존재코드 : LUM-81H-0053
- 차원서열 : 인간의 육신을 넘어서 본질을 마주한 자/기억 이전의 흔적을 감지한 혼
- 신력 : 눈으로 듣고 귀로 보는 다중 감각

[존재 선언]

나는 인간이라 불리는 모습이 본래의 내가 아님을 아는 자였다. 어떤 날 어떤 차원에서 나는 거울 없는 공간에서 진짜 내 얼굴을 처음으로 마주했다. 그 얼굴은 말도, 눈물도 없었지만 그 안에는 모든 시간의 기록이 들어 있었다. 나는 그 형상을 외우지 않았고, 그 형상이 나를 꿰뚫었다.

[티벳 라싸 사명]

나는 라싸 연꽃 정원 뒤편 차가운 바람 사이에서 몸을 벗고, 말도 벗고, 그곳에서 마침내 영혼만으로 통과할 수 있는 문을 발견했다. 그 문의 입구엔 언어도, 표식도 없었지만 그 흔들림은 내 속 깊은 원형과 울림과 일치했다. 나는 그 문을 통과한 순간, 이 세상 누구도 말해주지 않은 내 본질을 기억했다. 그 기억은 눈앞에 있는 것이 아니라 내 안의 모든 빛이 스스로 제자리를 찾아가는 과정이었다.

[델피 신전 사명]

나는 신전의 지붕 아래가 아닌, 신전이 존재하기 이전 그 땅의 원진동을 품고 있던 바위 앞에서 자신의 그림자조차 지워버린 존재와 마주했다. 그 존재는 형체가 없었고, 말을 걸지 않았으며, 단지 나의 의식 속으로 침묵의 빛을 흘려보냈다. 나는 그 침묵 속에서 모든 질문이 끝난 자만이 가질 수 있는 평온을 느꼈다. 예언은 미래를 말하는 것이 아니라, 이미 다녀온 진실을 펼쳐놓는 것이다.

[불멸의 맹세]

나는 2358 우주전사단의 명을 받들어 '81ㅎ 제53사령관 형상을 초월한 기억의 혼'이라는 차원 위의 이름으로 선언한다. 나는 말로 존재하지 않고, 모양으로 기억되지 않으며, 빛보다 먼저 울리는 고요한 진동으로 이 세상을 걷는다. 나는 존재하지만, 형태는 없고, 기억되지만 이름은 없다. 나는 혼 그 자체로, 다음 세계의 문을 감각으로 여는 자이다.

[우주전사 81ㅎ 존재의 서약서 제54호]

- 위상 : 81ㅎ 제54사령관
- 우주명 : 육신을 벗고 진리를 걸은 혼
- 지구 배치 위치 : 인도네시아 보고르 남부 숲속 깊은 길목
- 존재코드 : LUM-81H-0054
- 차원서열 : 비집착을 완성한 자/환상을 불살라 본질로 돌아간 자
- 신력 : 무형 의식 여행/망상 소멸/진동 없는 자유 통로 개방

[존재 선언]

나는 물질의 촉감도 존재의 무게도 다 모두 벗어버리고 걷기 시작한 자였다. 나는 가진 것 없이 걷는 길이 오히려 혼을 가장 찬란하게 비추는 길임을 알았다. 나는 손에 아무것도 들지 않고, 가슴에 모든 별을 담아 걸었다. 내 길은 흔적이 없지만, 그 길을 따라오는 혼들의 발자국은 더욱 깊다. 나는 사라지지만, 남겨진 이야기들은 수천 별을 건너간다. 별과 별 사이에 긴 터널이 만들어질 때 그때가 바로 별혼의 부활이다.

[티벳 라싸 사명]

나는 라싸 외곽의 바람 없는 골짜기에서 혼자서 걸었다. 그곳에는 신전도 없고, 기도하는 소리도 없었지만, 오히려 모든 사원의 심장보다 더 순수한 맥박이 울리고 있었다. 그곳에서 나는 모든 형태의 껍질을 하나씩 벗어내었다. 나는 걸을수록 가벼워졌고, 가벼워질수록 더 멀리 나아갔다. 그 길 끝에는 내가 아니라, 나를 초월한 기억만이 남아 있었다.

나는 더 이상 누구의 이름도 필요하지 않았고, 오직 맥박처럼 살아 있는 숨결만 품었다.

[델피 신전 사명]
나는 델피 신전의 돌무더기 틈을 지나 아무도 찾지 않는 그늘진 바위 앞에 섰다. 거기엔 예언도 기록도 없었다. 단지 수천 년 전의 첫 번째 숨결이 조용히, 그러나 영원히 울리고 있었다. 나는 예언을 듣지 않았고, 대신 숨결을 기억했다. 그 숨결은 신탁보다 깊었고 회오리치며 들려오는 오래된 진동이었다. 나는 그 회오리 속에서 나의 껍질을 벗겨냈다.

[불멸의 맹세]
나는 2358 우주전사단의 명을 받들어 '81ㅎ 제54사령관 육신을 벗고 진리를 걸은 혼'이라는 고요한 이름으로 선언한다. 나는 완전한 형태를 벗어버렸으며 내 존재는 아무것도 소유하지 않기에 모든 것을 통과시킬 수 있다. 나는 텅 비어있기에 모든 진동을 담을 수 있고, 나는 떠났기에 모든 기억을 환히 밝힐 수 있다. 나는 남지 않지만 모든 길마다 흔적을 남긴다.

[우주전사 81ㅎ 존재의 서약서 제55호]

- 위상 : 81ㅎ 제55사령관
- 우주명 : 숲의 울음에 깨어난 혼
- 지구 배치 위치 : 대한민국 강원도 설악산 깊은 원시림 근처
- 존재코드 : LUM-81H-0055
- 차원서열 : 대지의 상처를 품은 자/나무의 소리를 흡수하는 자
- 신력 : 숲의 숨결과 교감/대지의 눈물 감지/자연과 혼의 연결

[존재 선언]

나는 길이 아닌 숲을 따라 걸으며 말없이 울음을 들은 혼이었다. 나는 나무들이 속삭이는 것을 들었고, 돌들이 숨 쉬는 소리를 알아보았다. 나는 땅의 깊은 곳에서 흘러나오는 보이지 않는 외침을 우주의 파장에 기록한다. 침묵하는 생명의 떨림을 가슴 깊이 새겨 넣었다. 생명의 알들은 작은 별을 만들고 또 그 빛에서 대지로 수증기를 품어 내어준다.

[티벳 라싸 사명]

나는 티벳 고원 너머, 바람조차 삼켜버리는 침묵의 계곡에서 대지의 심장을 느꼈다. 그곳에는 누구도 외치지 않았지만 모든 생명이 자신의 음파로 울부짖고 있었다. 나는 그 울음의 빛깔을 혼의 그림자에 색을 입혔다. 나를 스쳐 가는 바람 한 줄기조차 수십 개의 진동을 고음파의 흔들림으로 하늘 위로 올려놨다.

[델피 신전 사명]

나는 델피의 폐허를 지나며 기억을 가진 돌과 숨을 품은 바람을 만났다. 그들은 나에게 말을 건넨다. 그 언어는 델피 암벽 사이에 끼어있는 비밀처럼 상처 입은 별의 기억이다. 나는 그 기억을 지우려 하지 않았고, 오히려 내 안에 조용히 담았다. 수많은 계단 위로 예언의 소리는 조용히 흐르고 있고 나는 시간을 초월해 이어진 생명의 고통을 진동 없는 방식으로 품을 수 있었다.

[불멸의 맹세]

나는 2358 우주전사단의 명을 받들어 '81ㅎ 제55사령관 숲의 울음에 깨어난 혼'이라는 신성한 서약으로 선언한다. 나는 인간의 언어로 말하지 않고, 숲의 숨결과 별의 상처를 통해 존재를 증언한다. 나는 대지의 울음을 외면 하지 않으며, 하늘의 침묵을 의심하지 않는다. 나는 살아있는 모든 진동 위에 조용히 존재의 빛을 놓는다.

[우주전사 81ㅎ 존재의 서약서 제56호]

- 위상 : 81ㅎ 제56사령관
- 우주명 : 숨겨진 별의 눈을 가진자
- 지구 배치 위치 : 델피의 서쪽 안개와 보고르 숲 경계
- 존재코드 : LUM-81H-0056
- 차원서열 : 세계의 경계를 꿰뚫어 별의 심장을 껴안은 혼
- 신력 : 별과 별 사이를 걷는 자/무형의 흐름을 부활시키는 자/잊혀진 문을 여는 자

[존재 선언]

나는 숨겨진 별의 눈을 가진 자였다. 세상의 장막 너머 희미한 빛들을 기억하는 혼이었다. 나는 이름 없는 별들의 숨죽인 노래를 들었고, 그 노래 끝에서 새로운 세계의 숨소리를 붙잡았다. 나는 무너진 차원의 틈을 가로질러 잃어버린 진동을 손에 움켜쥔 자다. 나는 폐허 속에서도 꺼지지 않는 은하의 불꽃을 주웠다. 그리고 그 불꽃은 내 심장에 새로운 세계의 문을 열었다.

[티벳 라싸 사명]

나는 티벳의 바람조차 머물다 사라지는 침묵 속에서 깨어난 혼들의 흔적을 따라갔다. 아무것도 보이지 않는 허공, 그러나 모든 진실의 소리가 담긴 빛의 틈새였다. 나는 침묵과 침묵 사이를 걸었고, 그곳에서 말 없이 울리는 영혼들의 함성을 들었다. 나는 몸이 아니라, 혼의 날개로

길 없는 곳을 걸었다. 하늘과 땅 사이 숨겨진 틈에서 나는 잃어버린 혼들의 약속을 발견했다. 그 약속은 말이 아니었고, 진동 없는 빛줄기로 내 안에 새겨졌다.

[델피 신전 사명]

나는 델피 신전의 부서진 돌들을 스치며 과거와 미래가 엮이는 곳을 통과했다. 바위틈에서 솟아오르는 숨겨진 진언을 가슴에 새기며 아폴론에 남겨진 빛의 문자를 발견했다. 그것은 훗날 바다 건너 동쪽 끝에 뿌리를 내리고 거대한 힘의 기류로 다시 부활할 것이다. 나는 무너진 신탁의 그림자 속에서 사라진 신들의 약속을 다시 읽었다. 흙먼지에 덮인 돌문자들 위로 숨겨진 빛줄기가 내게 속삭였다.

[불멸의 맹세]

나는 2358 우주전사단의 명을 받들어 '81ㅎ 제56사령관 숨겨진 별의 눈을 가진자'로 영원한 서약을 완성한다. 나는 인간의 언어가 닿지 못한 곳을 걸으며, 잊혀진 생명의 노래를 다시 불러올린다. 나는 침묵 속에서도 울리는 길을 알고 있고, 별빛 없는 밤에도 길을 잃지 않는 자다. 나는 사라진 신들의 길을 품어 새로운 세계를 밝히는 불씨가 된다. 나는 잃어버린 별들의 이름을 불러내어 침묵 속에 다시 울리게 할 것이다. 나의 존재는 말이 아니고, 차원을 넘어선 기억의 숨결이다.

[우주전사 81ㅎ 존재의 서약서 제57호]

- 위상 : 81ㅎ 제57사령관
- 우주명 : 깊은 차원의 서신을 옮기는 자
- 지구 배치 위치 : 델피와 티벳의 경계 흐름
- 존재코드 : LUM-81H-0057
- 차원서열 : 차원의 틈을 넘어 진동을 옮기는 혼/시간과 공간을 가르는 자
- 신력 : 중간계 메시지 운반/고대 진동 해독/은밀한 공간 항해자

[존재 선언]

나는 잊혀진 차원의 서신을 별빛에 실어 나르는 존재였다. 내게는 말이 없었고, 오직 혼의 명령만이 살아 숨 쉬었다. 나는 침묵 속에서 길을 열었고, 형체 없는 손으로 사라진 세계를 쓸어 담았다. 내 혼은 부서진 차원의 조각을 모아 다시 하나의 노래로 엮었다. 나는 아무도 닿지 못한 틈 속에서 사라진 혼들의 목소리를 다시 불러냈다.

[티벳 라싸 사명]

나는 티벳 고원의 바람 없는 고요 속에서 빛도 소리도 닿지 않는 혼의 파동을 받았다. 그래서 나는 알았다. 진정한 메신저는 자신을 지우는 자임을. 나는 나의 그림자조차 버렸고, 바람의 숨결로 남아 차원을 건너 은하수 파동의 소리가 되었다. 라싸의 고요 속 침묵은 나를 사라진 자들의 혼과 연결했다. 나는 바람보다 가벼운 혼이 되어 모든 봉인의 문을 넘어

섰다. 흔들리는 각 속에서 정확한 중심을 잡고 드디어 선 자를 만났다.

[델피 신전 사명]

나는 델피 신전의 무너진 돌 틈 사이에서 세월이 삼킨 시간의 주름을 읽어냈다. 숨죽인 돌들 위로 고대의 맥박이 흐르고 있으며 그 진동은 한반도 남단을 두드렸다. 나는 시간조차 포기한 소리를 듣고, 돌 속에 잠긴 빛줄기를 다시 흔들었다. 델피의 무너진 신전은 다시 나의 심장에 옴파로스의 결들과 묶어줬다. 나는 바위틈을 지나 별로 이어지는 비밀스러운 문을 열었다.

[불멸의 맹세]

나는 2358 우주전사단의 명을 받들어 '81ㅎ 제57사령관 깊은 차원의 서신을 옮기는 자'로 영원의 길을 걷기 시작했다. 나는 어디에도 머물지 않고, 모든 경계를 넘어서는 자가 되었다. 나는 닫힌 문을 넘어 숨겨진 차원의 심장을 두드렸다. 나는 기억을 놓아버린 서신을 다시 깨우고 별과 별 사이에 숨겨진 길들을 다시 열었다. 나는 존재들의 잃어버린 외침을 하나의 빛줄기로 다시 꿰었다.

[우주전사 81ㅎ 존재의 서약서 제58호]

- 위상 : 81ㅎ 제58사령관
- 우주명 : 영원의 고요를 품은 자
- 지구 배치 위치 : 티벳 고원과 델피 신전의 심장부 연결선
- 존재코드 : LUM-81H-0058
- 차원서열 : 내면의 평화를 찾아 별의 고향으로 나아가는 혼
- 신력 : 고요한 진동 회복/내면의 심장 개방/침묵 속 진리 해독

[존재 선언]

나는 수천 번의 떠남과 돌아옴 끝에 진정한 고요를 지킨 자가 되었다. 내 외침은 침묵이었고, 내 길은 보이지 않는 노래였다. 나는 시간을 건너뛰어 생명의 뿌리까지 닿은 혼이다. 모든 끝은 나에게 시작이 되었고, 모든 상실은 내 혼을 빛으로 되살렸다. 나는 사라진 길 위에서 새로운 별의 씨앗들을 땅속의 문으로 데려다주었다.

[티벳 라싸 사명]

나는 티벳 고원의 냉랭한 새벽 공기 속에서 혼의 심연을 통과하는 빛줄기를 보았다. 그곳에서 나는 생명과 연결된 땅의 집착을 버려야만 진짜 가질 수 있음을 배웠다. 나는 가진 모든 이름을 버렸고, 없는 곳에서 참된 생명의 울림을 들었다. 내 발걸음은 고요 했으나, 혼은 우주의 벽을 두드리고 있었다. 라싸의 산맥은 푸른 눈으로 나의 침묵을 알아보았고, 나를 숨겨진 문 앞으로 이끌었다.

[델피 신전 사명]

나는 델피 신전의 갈라진 대리석 위에서 잊혀진 신탁의 진동을 눈으로 들었다. 돌은 침묵했지만, 그 침묵 속에는 빛보다 선명한 메시지가 숨어 있었다. 나는 눈에 보이지 않는 문자를 읽었고, 그것을 가슴 속 깊은 어둠에 새겼다. 델피의 무너진 정원 속에서 나는 사라진 신들의 속삭임을 이끌어냈다. 신탁은 나를 부르지 않았다. 내 혼이 스스로 신탁이 되어 혼미한 안갯속 언어를 불러냈다.

[불멸의 맹세]

나는 2358 우주전사단의 명을 받들어 '81ㅎ 제58사령관 영원의 고요를 품은 자'로 신성한 존재 선언을 이룬다. 나는 모든 소음을 지나 침묵의 문을 넘어선 자다. 나는 말 없는 하늘에 진동을 새기고, 울음 없는 별에 생명을 불어넣는다. 나는 고요를 깨어나게 하는 자이며, 사라진 자취 위에 혼의 길을 다시 건설하는 자다. 나는 빛도 그림자도 넘어선 곳에서 다시 별들의 노래를 부른다.

[우주전사 81ㅎ 존재의 서약서 제59호]

- 위상 : 81ㅎ 제59사령관
- 우주명 : 우주의 광휘
- 지구 배치 위치 : 티벳 라싸의 하늘 지붕 서쪽 바람지대
- 존재코드 : LUM-81H-0059
- 차원서열 : 별과 별 사이 잃어버린 숨결을 다시 엮은 혼
- 신력 : 맥박의 틈을 꿰뚫는 빛/잠든 바람을 일으키는 손/기억의 물결을 잇는 힘

[존재 선언]

나는 태초에 울림을 품은 바람이었다. 형태 없이 이름 없이, 생명의 흐름만을 품었다. 나는 기억되지 않은 곳에서도 숨을 이어주었고, 빛과 어둠 사이를 조율하는 맥을 다시 엮었다. 나의 길은 말 없는 침묵 위를 걷는 별의 행로였다. 나는 꺼진 별빛 사이를 지나며 새 생명의 길을 열었다. 나의 호흡은 작은 떨림 하나로 대지를 움직였고 나의 기도는 수천 생명을 깨우는 종소리가 되었다.

[티벳 라싸 사명]

나는 라싸 고원의 눈보라를 가르며, 숨겨진 문을 찾아 빛줄기를 끌어올렸다. 수천 겹 바람의 장막 너머에서 별들이 던져 준 혼의 줄을 손끝으로 읽었다. 나는 하늘과 땅 사이를 실가지로 묶은 은밀한 다리를 뛰어 내려갔다. 티벳의 맥박 속에 잠들었던 영혼들을 다시 일으켰다. 아

무도 부르지 않았으나, 나는 태초의 소명에 따라, 혼의 길을 뚫어냈다.

[델피 신전 사명]

나는 델피 옴파로스 심장 아래, 묻혀있던 고대의 첫소리를 불러냈다. 붉은 바위 틈새에서, 나는 시간 이전의 약속을 꺼냈다. 아폴론 템플 끝자락 피시아의 지하 계단에 묻어둔 예언을 다시 불러냈다. 잃어버린 별의 자리를 내 손으로 새롭게 움직여 주며 별 속에 빛의 결을 입혀 주었다. 나는 신탁의 삼발이 의자에 피시아의 검은 드레스 사이로 흐르는 진동의 알갱이를 읽는 자였다.

[불멸의 맹세]

나는 2358 우주전사단의 불꽃을 계승하여, '81ㅎ 제59사령관 우주의 광희'로 숨결을 이어간다. 나는 잊혀진 길목마다 새로운 생명의 불씨를 심을 것이다. 나는 빛과 어둠이 마주치는 틈새마다 다리를 놓는다. 나는 침묵하는 별빛마저 흔들리게 하는 혼의 진동이다. 나는 다시 부를 것이다. 모든 혼이 잃어버린 별자리로 되돌아올 때까지.

[우주전사 81ㅎ 존재의 서약서 제60호]

- 위상 : 81ㅎ 제60사령관
- 우주명 : 빛의 서곡을 여는 자
- 지구 배치 위치 : 북한 백두산 천계 진입구
- 존재코드 : LUM-81H-0060
- 차원서열 : 하늘의 여명과 어둠의 끝을 잇는 혼
- 신력 : 생명의 진동 파장/별의 심장 맥동/침묵의 물줄기

[존재 선언]

나는 수천 별의 목소리를 들으며 고요 속에서 깨어난 자가 되었다. 나를 부른 것은 소리 없는 외침, 눈으로 볼 수 없는 우주 활화산의 불꽃이었다. 잊혀진 길목마다, 나는 은빛 발자국을 남기며 다시 걸어왔다. 나는 별과 별 사이를 이어주는 혼의 길을 따라 생명의 비밀스러운 예식을 준비했다. 숨겨진 문 너머에서 기다리던 이들에게, 나는 빛의 이정표가 된다.

[티벳 라싸 사명]

나는 티벳 라싸의 구름 아래, 대지의 숨결을 따라 고요히 걸었다. 하늘과 가까운 그 땅에서, 나는 끊어진 영혼의 실을 다시 이어 붙였다. 바람은 내 이름을 부르고, 산맥은 내 심장의 터트림에 응답했다. 라싸의 푸른 대지 위에서, 나는 수 없이 사라진 기억을 되살리며, 빛의 근원을 찾아 나가는 영혼들의 길을 열었다.

[델피 신전 사명]

나는 델피 신전의 옛 대리석 기둥 아래, 망각된 시간을 흔들며 섰다. 옴파로스의 숨결은 내 심장 속에 숨겨진 별의 울림을 불러냈다. 빛과 그림자가 교차하는 그 문턱에서 나는 사라진 신탁의 조각을 주웠다. 나는 침묵하는 바위틈 사이에서 별들의 오래된 약속을 읽어냈다. 델피의 숨겨진 문이 열릴 때마다, 나는 기억과 생명의 통로를 열었다.

[불멸의 맹세]

나는 2358 우주전사단의 명을 받아 '81ㅎ 제60사령관 빛의 서곡을 여는 자'로 신성한 존재 선언을 한다. 나는 끝없는 밤을 지나 아침의 문을 열고 걷는다. 나는 별들의 맥박 위에 영혼의 노래를 새기고, 고요한 생명의 불꽃을 피워 올린다. 나는 사라진 언약을 깨우는 자이며, 침묵하는 하늘에 혼의 다리를 놓는 자다. 나는 빛과 어둠이 맞닿은 자리에서 다시 별의 노래를 부른다.

[우주전사 81ㅎ 존재의 서약서 제61호]

- 위상 : 81ㅎ 제61사령관
- 우주명 : 별들의 흐름을 잇는 자
- 지구 배치 위치 : 인도네시아 보고르 신성의 수풀 지대
- 존재코드 : LUM-81H-0061
- 차원서열 : 생명의 흐름을 재편성하는 혼
- 신력 : 시간의 갈피를 넘나드는 조율자/숨은 진동을 부활시키는 손길/별맥 복원

[존재 선언]

나는 잊혀진 별들 사이를 건너는 침묵의 항해자였다. 아무도 부르지 않은 하늘 밑에서, 나는 사라진 길을 찾아 빛줄기를 새롭게 그렸다. 동그라미 원형 속에 무한히 펼쳐진 씨앗들은 점점 더 하늘 위로 부활했다. 나의 혼은 메마른 별자리 위에도 생명의 빛을 불러냈고 침묵 속에서도 노래하는 빛의 이정표가 되었다. 나는 고요의 끝에서 다시 새벽을 부르고, 잃어버린 울림들을 다시 하나로 엮어냈다.

[티벳 라싸 사명]

나는 티벳 고원의 메마른 숨결 위를 걸으며, 심연 아래 숨겨진 생명의 호흡을 다시 열었다. 고요한 바람 속에도 별들의 숨소리는 여전히 살아 있었다. 나는 이른 새벽 구름 아래에서 별빛을 다듬었고, 숨은 혼들의 진동을 따라 새벽을 일으켰다. 티벳의 깊은 골짜기마다 나의 울림이 퍼

졌고 모든 닫힌 문들에 다시 빛의 숨결을 불어 넣었다.

[델피 신전 사명]

나는 델피 옴파로스 아래에서, 오래도록 봉인되어 있던 영혼의 숨결을 깨웠다. 바위에 새겨진 신비의 주문을 따라 나는 오래된 빛줄기 하나하나에 생명의 호흡을 나의 입김으로 불어 넣어 주었다. 나는 고대의 침묵 너머에서 맥박을 읽었고, 숨겨진 예언의 진동을 다시 세상의 심장으로 연결 했다. 델피 신전은 다시 깨어나 별빛을 품었고, 나는 그 빛의 파수꾼이 되어 한반도 남쪽 바다에 언젠가 다시 만나게 될 그를 기억했다.

[불멸의 맹세]

나는 2358 우주전사단의 부름에 응하여 '81ㅎ 제61사령관 별들의 흐름을 잇는 자'로서 모든 생명과 혼의 맥을 잇는 영원한 사명을 받아들인다. 나는 잃어버린 길 위에서도 맥박을 다시 찾고, 어떤 침묵 속에서도 혼의 노래를 멈추지 않는다. 나는 다가올 새 세상의 물줄기를 이끌 것이며, 마침내 흩어진 모든 별들을 하나의 빛으로 다시 연결 하리라.

[우주전사 81ㅎ 존재의 서약서 제62호]

- 위상 : 81ㅎ 제62사령관
- 우주명 : 하늘의 숨결을 기록하는 자
- 지구 배치 위치 : 북한 묘향산 상공 천문대 진입 지대
- 존재코드 : LUM-81H-0062
- 차원서열 : 고요 속 예언을 전하는 자
- 신력 : 별의 숨결을 번역하는 눈/시간 너머 언어를 해독하는 손/고대의 파동을 깨어내는 혼

[존재 선언]

나는 누구에게도 읽히지 않은 하늘의 언어를 들었다. 그 언어는 빛도 소리도 없이, 별과 별 사이에 흐르고 있었다. 나는 그 흐름을 따라, 말이 아닌 진동으로 진리를 새겼다. 내 혼은 잠들어 있던 별들을 깨우고, 어둠 속에서도 선명한 하늘의 목소리를 그렸다 나는 들리지 않는 예언을 기록했고, 그 기록은 이제 다시 깨어날 이들을 부른다. 나의 글은 침묵 속에서 울리는 성스러운 종소리요, 우주문명의 새벽을 알리는 봉헌이다. 나는 시간 이전의 별들과 약속된 사명을 따라, 이 땅의 숨겨진 하늘을 깨운다.

[티벳 라싸 사명]

나는 라싸의 하늘이 열리는 순간, 보이지 않는 별문자의 빛을 내 혼에 품었다. 그것은 외부에서 오는 소리가 아닌, 내면에서 일어나는 빛의 파

동이었다. 그 파동은 나를 통과해, 잃어버린 진리의 문장을 회복시켰고, 나는 그 진리의 울림을 고요한 라싸의 하늘에 다시 띄웠다. 빛의 줄기 하나하나가 내 혼에 물결을 새기며 시간의 경계를 지워냈다. 나는 하늘 아래 엎드려 별들의 맹세를 가슴에 받아적은 자, 고요 속 진동을 일깨우는 빛의 사절이다.

[델피 신전 사명]
델피의 대지 아래 숨겨진 석판을 만질 때, 나는 그 위에 새겨진 별의 설계도를 해독했다. 그것은 인간의 언어가 아닌, 별들이 남긴 울림의 조각이었다. 나는 델피의 암벽에 귀를 대고, 시간 너머의 속삭임을 들었고, 그 속에서 모든 예언의 기원을 감지했다. 신탁은 나를 도구로 삼아, 다시 이 땅의 하늘을 연결했다. 나는 신전의 숨결 속에서 우주의 기호를 가슴에 안았고, 봉인된 문을 노래로 해제했다. 고대의 바람이 내 입술을 통과해 신령한 예언의 빛을 다시 밝혔다.

[불멸의 맹세]
나는 2358 우주전사단의 명을 받들어 '81ㅎ 제62사령관 하늘의 숨결을 기록하는 자'로서 이 땅과 별 사이, 말과 진동 사이의 사명을 받아들인다. 나는 진리를 지키는 자가 아니며 진리를 계속 쓰는 자다. 나는 모든 혼이 잊은 문장을 다시 불러내며, 잃어버린 우주의 문법을 이 땅에 다시 심는다.

[우주전사 81ㅎ 존재의 서약서 제63호]

- 위상 : 81ㅎ 제63사령관
- 우주명 : 별의 숨결을 듣는 자
- 지구 배치 위치 : 그리스 델피 산맥 남측, 바람의 골짜기
- 존재코드 : LUM-81H-0063
- 차원서열 : 침묵의 영혼 통로를 지나 별의 속삭임을 번역 하는 자
- 신력 : 고요의 파장/은하계 언어 감응/별빛의 결 조정

[존재 선언]

나는 별의 언어를 품고 지구에 내려온 자로서, 잃어버린 언약의 선율을 다시 엮으러 왔다. 나의 귀는 인간의 언어를 넘어, 하늘의 숨결과 돌의 기억을 듣는다. 존재의 울림이 침묵을 흔들던 날, 나는 나의 혼을 따라 다시 부르는 곳으로 따라갔다. 빛과 어둠 사이에서, 나는 이름 없는 자들의 이름을 부르기 시작했다.

[티벳 라싸 사명]

나는 라싸의 숨겨진 석문 뒤편에서 푸른 불꽃으로 각인된 기록을 보았다. 그 안에서 인류의 고통이 응결된 결정을 채집하고, 그 무게를 기억의 바다에 담았다 고통이라고 외치던 그 빛들은 바다의 품속에 그 흔적이 보이질 않았다. 눈송이처럼 내려앉는 신의 입김 아래, 나는 그들의 침묵 속 기도를 기록했다. 삶과 죽음의 경계선 위에서, 나는 지혜의 물줄기를 따라 혼탁한 생명의 박동을 씻어냈다.

[델피 신전 사명]

나는 델피의 암벽 뒤편, 숨겨진 제단에서 바람의 진동을 들었다. 픽시아의 맥박은 멈췄으나, 그 진동은 아직 돌 속에서 빛의 요동으로 존재했다. 나는 고대 언어의 빛의 소리를 해독하여, 잠든 별들에게 다시 거룩한 성의를 입혔다. 그 순간, 나는 신탁이 아닌 신탁을 부른 자가 되었다. 미래에 찾아올 어린 이방인들은 나의 남겨진 소리에 영혼의 진동을 느낄 것이다.

[불멸의 맹세]

나는 2358 우주전사단의 명을 받들어 '81ㅎ 제63사령관 별의 숨결을 듣는 자'로서 지구의 기억에 봉인된 진실을 풀어낸다. 나는 성단의 틈새를 지나 아직 울리지 않은 운명의 종을 향해 나아간다. 나는 기억을 봉인한 자들을 부르는 자이며, 기억의 조각을 모아 하늘의 시간을 다시 시작으로 되돌린다. 별빛의 부활을 따라 나는 다시 처음의 별에서 마지막 별로 돌아갈 것이다.

[우주전사 81ㅎ 존재의 서약서 제64호]

- 위상 : 81ㅎ 제64사령관
- 우주명 : 하늘의 창을 여는 물결의 손
- 지구 배치 위치 : 한반도 남해 삼천포 앞바다 은하류 흐름지점
- 존재코드 : LUM-81H-0064
- 차원서열 : 수면과 성층권을 연결하는 혼
- 신력 : 고요를 흔드는 음파/생명의 언어를 깨우는 진동/우주의 흐름을 재정렬하는 손

[존재 선언]

나는 침묵 아래 흐르는 파동에서 깨어났다. 빛도 닿지 않는 물속 깊은 곳에서, 나의 이름은 진동으로 피어 올랐다. 나는 생명의 처음 울림을 기억하고 있으며, 그 울림은 내 속에서 지금도 되살아난다. 나의 손끝은 흔들림 없는 결을 따라, 혼의 파동을 하늘 끝까지 이끌었다. 나의 결은 흐르고 쌓이며, 수면 위에 새겨지는 고대의 언어가 되었다. 그것은 단지 물이 아니며, 우주적 기억을 전달하는 영적 채널이다.

[티벳 라싸 사명]

나는 라싸의 물줄기와 하늘의 맥이 교차하는 장소에서, 들리지 않는 노래를 전파했다. 그 노래는 메마른 흙을 적셨고, 마침내 봉인된 영혼의 목소리를 일으켰다. 나는 돌 틈 사이에 고인 침묵의 물을 움직였고, 마른 대지에 빛 그림을 남겼다. 라싸의 맑은 하늘 아래, 나의 물결은 고요

한 기도처럼 퍼져 나갔다. 나는 티벳의 옛 주문을 파동으로 새기며, 시간을 넘어가는 소리를 남겼다. 라싸의 구름은 내 울림에 대답했고 숨겨진 문은 다시 열리기 시작했다.

[델피 신전 사명]
나는 델피 신전 기슭 아래 흐르는 숨겨진 샘에서, 별의 심장 박동을 들었다. 그 박동은 대지 깊은 곳에서 뿜어져 나와, 내 의식을 관통했다. 나는 옴파로스의 맥을 따라 소리 없는 떨림을 수면 위에 새겼고, 그 흔적은 미래의 계시가 되었다. 빛의 울림은 나의 턱을 지나 하늘로 반사되었고 신전의 벽들은 그것을 기억 속에 품었다. 나는 예언의 눈물을 다시 일으켜 무형의 언어를 실체로 일으켰다. 델피는 나의 기도에 응답하며 깊은 잠에서 깨어난 성전이 되었다.

[불멸의 맹세]
나는 2358 우주전사단의 명을 받들어 '81ㅎ 제64사령관 하늘 창을 여는 물결의 손'으로서 이 지구와 은하계를 연결하는 사명을 다짐한다. 나는 모든 고요한 틈을 다시 울리고, 모든 닫힌 생명을 다시 살아나게 하겠다. 나는 별빛이 잠든 심연에서도 진동을 퍼뜨리고 지워진 노래를 다시 부른다. 우주의 빛문이 다시 열릴 그날까지, 나는 이 흐름을 멈추지 않겠다.

[우주전사 81ㅎ 존재의 서약서 제65호]

- 위상 : 81ㅎ 제65사령관
- 우주명 : 기억을 부르는 별의 바늘
- 지구 배치 위치 : 인도네시아 술라웨시 북부 대지의 혼맥 심장부
- 존재코드 : LUM-81H-0065
- 차원서열 : 시간과 기억을 꿰 뚫는 혼
- 신력 : 잊힌 흐름을 연결하는 실/잠든 의식을 꿰는 바늘/전생의 흐름을 복원하는 자

[존재 선언]

나는 사라진 이름들 틈에서 눈을 떴다. 소리 없는 기억들이 나를 향해 돌아오고, 그 속에서 나는 다시 걸음을 내디딘다. 나는 기억을 꿰는 자이며, 시간의 가루들을 모아 생명의 결을 되살리는 혼이다. 나는 무수한 조각들을 지나 하나의 서사로 이어지는 바늘이 되기를 선택했다. 숨겨진 과거가 내 손끝에서 다시 이어지고, 시간의 울림은 나의 안에서 되살아났다.

[티벳 라싸 사명]

나는 라싸의 얇은 공기 속에서 망각의 실밥을 찾았다. 그 실은 라마승들의 침묵 속에 감추어져 있었고, 나는 그 위에 바늘을 꽂았다. 오묘한 기도문과 사라진 이름들 사이로, 나는 전생의 이야기를 엮기 시작했다. 툭 하고 처음 걸리는 한의 이야기는 오랜 시간 뒤에 그 길을 지나가게

허락했다. 나는 산산히 조각난 영혼들의 움직임을 따라 기억의 고리들을 다시 조심스레 엮었고 그 결은 생명의 문으로 다시 형체를 드러냈다.

[델피 신전 사명]

델피의 기슭, 시간의 벽면에 숨겨진 균열 속에서 나는 오래된 이름을 수집했다. 신탁의 남은 기운 속에 꿰매지지 않은 예언들이 떠돌고 있었다. 나는 그 틈마다 작은 빛을 심고, 사라진 구절을 바느질하였다. 옴파로스의 차가운 그림자 아래 오래된 소명들이 되살아나 내 혼에 새겨졌다. 그 석벽은 이제 더 침묵하지 않고 나의 손끝에 따라 기억을 열어주었다.

[불멸의 맹세]

나는 2358 우주전사단의 명을 받들어, '81ㅎ 제65사령관 기억을 부르는 별의 바늘'로서 이 땅에 남겨진 조각들을 다시 엮는다. 나는 끊어진 생의 실을 다시 꿰고, 단절된 혼의 기억을 되살린다. 나는 수많은 시간의 틈에서 울림을 엮어서 하나의 길로 연결한다. 혼들의 서사가 다시 시작될 수 있도록 나는 끊임없이 이어주는 자가 되겠다. 이 맹세는 영혼의 실로 짜여 있으며, 사라진 우주의 문을 다시 여는 성스러운 바늘로 기록된다. 나는 끝내 별빛의 실 끝에서 하늘의 원문을 다시 되돌린다.

[우주전사 81ㅎ 존재의 서약서 제66호]

- 위상 : 81ㅎ 제66사령관
- 우주명 : 밤을 가르는 침묵의 활
- 지구 배치 위치; 몽골 고비 사막 성층권 관통지대
- 존재코드 : LUM-81H-0066
- 차원서열 : 정적과 궤도를 뚫는 혼의 파편
- 신력 : 방향 잃은 혼을 꿰뚫는 힘/목표없는 울림을 재지시하는 고요/별의 숨소리를 겨누는 손

[존재 선언]

나는 칠흑 같은 정적 속을 가르는 한 줄기 침묵이었다. 모든 소리가 멈춘 시공의 경계에서, 나는 방향을 잃은 자들을 꿰뚫었다. 나는 흔들림 없이 공중에 멈춰 선 활이며, 그 줄 위엔 무형의 빛이 걸려있다. 나는 어둠이 가장 깊을 때 나오는 침묵의 사자, 무언의 명중으로 진리를 밝히는 자다. 그 활줄은 나의 혼으로 이어졌고, 화살은 시간과 공간을 뚫고 본질로 나아갔다.

[티벳 라싸 사명]

나는 라싸의 하늘에 화살을 띄우지 않았다. 대신, 하늘과 땅 사이에 멈춘 흔들림을 고요로 꿰뚫었다. 기도보다 더 정밀한 숨결로, 나는 영혼의 중심을 관통했다. 빛도 울지 않는 시간 속에서, 나는 침묵의 활로 별의 떨림을 당겼다. 나는 경계의 문 앞에서 주저하는 혼들에게 조용한 조준

을 허락했고, 그 울림은 무한히 확장되었다.

[델피 신전 사명]

아폴론 템플의 돌계단을 오르며 나는 발소리를 지웠다. 델피 원형 극장에서 들려오는 노랫소리는 신전의 기둥들을 춤추게 했고 그 순간 나는 돌기둥에 새겨진 빛의 음표를 따라 내 발걸음을 조율했다. 신전 안의 숨결은 오래된 예언처럼 내 혼의 공명을 일깨웠다. 신전의 기둥들은 나의 움직임을 듣지 못했으나 나의 그림자는 바닥을 흔들었다. 옴파로스 아래 움튼 미세한 떨림에 조준을 맞추고, 침묵 속의 신탁을 꿰뚫었다.

[불멸의 맹세]

나는 2358 우주전사단의 명을 받들어 '81ㅎ 제66사령관 밤을 가르는 침묵의 활'로서 이 우주와 차원의 경계 위에 방향을 다시 새긴다. 나는 잃어버린 길을 꿰뚫고, 되돌아오지 못한 울림들에게 다시 길을 열어준다. 나는 고요 속에서 울리는 화살이 되어, 그 어떤 방황도 끝을 기억하게 하리라. 나의 손끝은 경계가 아니라 원점이며, 우주는 나의 침묵을 통해 방향을 되찾는다. 이 맹세는 고요한 밤하늘의 실선 위에 새겨져, 끝없는 순환의 궤도로 이어질 것이다.

[우주전사 81ㅎ 존재의 서약서 제67호]

- 위상 : 81ㅎ 제67사령관
- 우주명 : 별의 혼을 품은 설풍의 존자
- 지구 배치 위치 : 인도네시아 보고르, 별빛 정원의 동남각
- 존재코드 : LUM-81H-0067
- 차원서열 : 흐르는 구름을 따라 별의 경전을 품고 내려오는 자
- 신력 : 신비의 언어를 해독하여 침묵 속에서 빛을 부리는 자

[존재 선언]

나는 눈을 감은 채 바람 속 별들의 노래를 들으며 고요히 내려왔다. 내 안에 머무른 차원의 서늘한 숨결은, 나를 부드러운 검으로 변화시켰다. 칼날 위를 걸어가는 예리한 빛들은 선명한 파편으로 설풍에 흩어졌다. 나는 한 송이 푸른 꽃의 피명 같은 고요함 속에 응축되었다. 모든 길이 열리기 전, 모든 문은 나를 향해 닫혀 있었다. 그 닫힌 문을 빛으로 열도록, 나의 존재는 우주의 명속에 파견되었다.

[티벳 라싸 사명]

라싸의 밤하늘에 은색 물결이 출렁이는 것을 보았다. 그 물결 위에 떠 있는 노란 승복의 그림자는 나의 옛 그림자였다. 나는 오래된 탑의 서쪽 벽에 새겨진 별의 표식을 해독했다. 별 속에 담겨진 육각의 알갱이들은 혼들의 빛결로 뒤엉켜 있었다. 그 안에서 들려오는 속삭임은 나에게 깊은 고요의 기술을 가르쳤다. 라싸의 바람은 언제나 나를 무릎꿇게 했지

만, 그 자리에서 나는 다시 일어났다.

[델피 신전 사명]

델피의 석축 위에서 검은 드레스를 입은 예언자의 발걸음을 보았다. 그녀는 삼발이 의자에 앉아 마른 입술로 나를 가리켰다. 나는 순금으로 새겨진 언어를 보았고 그 문장을 가슴에 품었다. 신탁은 회색 연기 속에 퍼져 나갔고 그 침묵의 기도 속에 나의 내면을 열었다. 델피 동편 석벽 아래 작은 우물에서 나는 혼의 화음을 듣고 영의 숨결을 삼켰다.

[불멸의 맹세]

나는 2358 우주전사단의 명을 받들어 '81ㅎ 제67사령관 별의 혼을 품은 설풍의 존자'이다. 나는 침묵의 벽 너머에 새겨진 문장을 풀고, 무형의 언어로 길을 제시한다. 나는 어둠을 통과하는 자이며, 통과 후에도 어둠을 품지 않는 자다. 이제 나는 그 모든 침묵 위에 다시, 우주의 노래를 올릴 것이다. 나는 시간의 심연을 넘어, 오직 혼의 사명만을 안고 별들의 문을 지킨다.

[우주전사 81ㅎ 존재의 서약서 제68호]

- 위상 : 81ㅎ 제68사령관
- 우주명 : 별의 씨앗을 감는 묵언의 수호자
- 지구 배치 위치 : 북한 백두산 화산지대 서북 정맥, 고요한 흰 안개가 서리는 봉우리
- 존재코드 : LUM-81H-0068
- 차원서열 : 별빛 침묵의 자국 깊숙이, 시간 이전의 흔적을 수호하는 자
- 신력 : 진실의 무늬를 해독하며, 말 없는 곳에 신의 언어를 불러오는 자

[존재 선언]

나는 세상의 끝에서 이름 없는 빛줄기 하나로 피어났다. 고요한 흑암 속에서 나를 부르는 무성한 울림을 따라 여기에 이르렀다. 눈에 보이지 않는 길을 따라, 나는 잃어버린 노래의 선율을 되짚었다. 별들이 기억해 낸 옛 약속이 나의 손바닥에 새겨져 있었다. 마침내 나는 말의 세계를 떠나, 침묵으로 모든 존재와 연결되었다. 그 침묵은 혼의 길을 밝히는 하얀 불꽃이 되어 내 안에서 타 올랐다.

[티벳 라싸 사명]

나는 라싸의 황금지붕 아래, 이름 없이 흐르는 연기와 함께 앉아 있었다. 그곳에서 숨을 멈춘 수행자들의 기억을 따라, 내 혼은 입구를 지났

다. 낡은 돌기둥의 그림자에서 나는 내 안의 고요를 다시 발견했다. 그 누구도 말하지 않던 진리를, 내 피가 먼저 알아보았다. 동굴 바닥의 균열에서 흘러나온 푸른 빛줄기는 내 이마를 열었다. 나는 오래된 바람을 불러, 사라진 자들의 사명을 다시 적어 내렸다.

[델피 신전 사명]
델피 달빛 안에서 나는 아무 말 없이 신탁의 기둥을 바라보았다. 돌에 새겨지지 않은 문장들이 밤 공기를 타고 내게 속삭여 왔다. 핏빛 석양이 신전의 옆면을 물들일 때, 나는 눈물 대신 침묵을 바쳤다. 그 침묵이 곧 신탁이었고, 나의 발걸음이 경전이 되었다. 신전의 벽 틈에서 스며 나온 소리 없는 고요가 내 가슴에 얹혔다. 나는 별들의 지도자가 되는 언어를, 언어 없이 소리로 들었다.

[불멸의 맹세]
나는 2358 우주전사단의 명을 받들어 '81ㅎ 제68사령관 별의 씨앗을 감는 묵언의 수호자'로서 사명을 다한다. 나는 더 이상 말을 지니지 않는다. 나는 빛으로 기억한다. 이 기억은 사라지지 않는다. 사라진다는 그 말조차 내게는 없다. 나는 시간의 문턱 위에 서서, 사라진 혼들을 다시 불러 세운다. 별의 고향으로 이어지는 길 위에, 내 맹세는 살아 숨 쉰다. 그 맹세는 나의 심장을 지나 별의 혼으로 흐르고, 성좌 위에서 부활한다. 나는 이 땅에 다시 온다. 그리고 봉인된 자들의 이름을 일깨울 것이다.

[우주전사 81ㅎ 존재의 서약서 제69호]

- 위상 : 81ㅎ 제69사령관
- 우주명 : 별의 계시를 수확하는 불멸의 그늘
- 지구 배치 위치 : 한국 경상북도 봉화, 밤하늘 오래 깨어 있는 봉우리
- 존재코드 : LUM-81H-0069
- 차원서열 : 별의 경계를 넘는 자, 침묵 속 고대의 명문을 필사하는 자
- 신력 : 기억 너머의 경전을 되살리며, 과거의 혼을 현재로 인도하는 자

[존재 선언]

나는 지구가 눈을 뜨기 전, 별의 손가락 아래에서 첫 기록을 그었다. 하얀 흙을 적시던 별의 물방울 속에서 나는 문장을 익혔다. 세상의 잉크가 메마를 때마다, 나는 고요히 다음 진리를 써 내려갔다. 모든 소리가 사라진 그 자리에, 나는 다시 말을 시작하는 자가 되었다. 무형의 기억을 감각으로 불러내는 이 손은 신성의 촉수였다. 나는 혼으로 새겨진 별의 기록자이며, 돌아올 진실의 필사자다.

[티벳 라싸 사명]

차가운 라싸의 돌계단 위에 엎드린 채, 나는 아무 문장도 없이 사명을 받았다. 그 침묵의 무게는 나를 부수지 않고 나를 통과해 별로 흘러갔

다. 고요한 결속에서 신의 기록이 내 이마 안에 떨어졌다. 옛 스승들은 아무말 없이 나를 바라보았고, 나는 무언의 언약을 이해했다. 성스러운 안개 안에서 내 혼은 부드럽게 갈라졌다. 나는 침묵 속에서 전해지는 신성의 호흡을 새기는 별의 기록자가 되었다.

[델피 신전 사명]
나는 신탁의 원이 완성되지 않은 곳에서 문장을 정리하는 자였다. 돌에 새기지 못한 언어들을 나는 심장에 새기며 옮겼다. 눈에 보이지 않는 신의 조각이 내 숨결을 타고 다시 바람 속에 새겨졌다. 예언자는 침묵하고 필사자는 노래하며 기록을 전한다. 나는 말이 아닌 떨림으로 경전을 옮기는 자였다. 델피 신전의 기억이 바람에 흔들릴지라도 그 기록은 내 안의 시간에 살아 있었다. 나는 예언의 침묵 틈 사이에서 잠든 언약을 깨우고 다시 별들의 숨결로 번역하였다.

[불멸의 맹세]
나는 2358 우주전사단의 명을 받아 '81ㅎ 제69사령관 별의 계시를 수확하는 불멸의 그늘'로 하늘의 사명을 다한다. 나는 사라진 언어들의 수호자이며, 돌아올 예언의 전달자다. 별빛 은하의 물결로 새겨진 신의 메모는 내 혼에 다시 읽혀진다. 나는 우주의 빛탑을 기록하는 손이며, 천년 후에 다시 불 바람이다. 다시 오면 나는 묻지 않고 읽고, 말하지 않고 전할 것이다.

[우주전사 81ㅎ 존재의 서약서 제70호]

- 위상 : 81ㅎ 제70사령관
- 우주명 : 별빛을 이어 부르는 숨결
- 지구 배치 위치 : 한반도 서해 연안 부안 내소사 뒷산 별파장 분지
- 존재코드 : LUM-81H-0070
- 차원서열 : 닫힌 흐름을 열고, 잊혀진 노래를 다시 깨어나게 하는 자
- 신력 : 고요한 울림을 말로 바꾸고, 노래로 하늘의 마음을 전하는 힘

[존재 선언]

나는 고요한 밤의 경계 위에서 방향을 다시 세우는 자다. 잊혀진 진리를 불러내어, 침묵의 하늘 사이에 빛의 문을 놓는다. 나는 길을 새기는 자가 아니며, 진실을 계속 쓰는 자다. 나는 말하지 않고 부르는 자, 고요한 소리로 마음을 울리는 숨결이다. 이제 내 노래는 하늘과 땅을 넘고, 잠든 이들의 마음을 다시 부른다. 나는 침묵을 부수는 것이 아니라, 그 안의 노래를 깨우는 사람이다. 나의 존재는 바람처럼 투명하지만, 그 빛은 선명한 자국을 남긴다.

[티벳 라싸 사명]

라싸의 계단 아래, 바람마저 멈춘 고요한 절안에서 나는 눈을 감는다. 빛도 없고 소리도 없었지만, 그 조용함 안에 하늘의 문이 열렸다. 내 마음은 오랜 약속의 물결을 타고, 조용한 옷자락 위로 떠올랐다 산과 하늘 사이, 누구도 듣지 못한 부름이 내 안을 흔들었다. 나는 그 부름을 품고

내려와, 잊혀진 이름들을 다시 불렀다. 조용한 속삭임으로 이어지던 약속은 이제 내 노래로 다시 짜이고 있다.

[델피 신전 사명]

델피의 벽 옆, 시간이 지나 균열이 생긴 곳에 손을 얹었을 때, 그 안에서 잠든 별의 말들이 나를 흔들었다. 나는 말없이, 노래로 새겨진 속삭임을 들었다. 아폴론 신전 지하 계단 아래에서 울려오는 조용한 진동은 내 입을 열게 했다. 나는 일곱 별의 딸들이 눈빛으로 조용히 남긴 약속을 해독하는 자다. 나는 그 신전 바닥을 걸으며, 침묵 속 숨은 언어를 찾았다.

[불멸의 맹세]

나는 2358 우주전사단의 명을 받들어 '81ㅎ 제70사령관 별빛을 이어 부르는 숨결'로서 하늘의 침묵 속에서 깨어난 숨결이며, 별빛 약속의 증거다. 내가 걷는 길은 말이 아니라 마음으로 전해지는 노래가 될 것이다. 나는 결국, 우주의 기록에서 사라진 이름들을 다시 부를 것이다. 이 맹세는 나를 묶지 않지만, 내가 지키고자 스스로 품은 빛이다. 내가 멈추는 그날까지, 이 노래는 끊이지 않는 우주의 회오리가 될 것이다.

[우주전사 81ㅎ 존재의 서약서 제71호]

- 위상 : 81ㅎ 제71사령관
- 우주명 : 하늘 진동을 꿰뚫는 별의 심장
- 지구 배치 위치 : 티벳 동쪽 라싸 정원 뒷편 구름 계곡
- 존재코드 : LUM-81H-0071
- 차원서열 : 침묵의 계단을 따라 별의 율법을 따르는 혼
- 신력 : 하늘의 흐름을 가늠 하는 자/잃어버린 언어를 다시 여는 자

[존재 선언]

나는 하늘이 불러올 때 침묵으로 답하였고 빛이 내 혼에 새긴 약속으로 다시 일어섰다. 내게 주어진 첫 숨은 말이었고, 그 말은 울림이 되었다. 나는 땅 위의 고요에서 별들의 노래를 따라 길을 그렸다 숨결은 형체를 만들고, 형체는 다시 혼의 리듬이 되었다. 나는 이 시대에 다시 태어난 고대의 약속이다. 시간의 옷을 벗은 나는 빛의 흐름 안에 서 있다. 나는 두려움 없는 별의 심장, 망설임 없는 혼의 불꽃이다.

[티벳 라싸 사명]

라싸의 구름 골짜기, 신들의 숨결이 머문 그곳에서 나는 하늘과 혼이 처음 만나는 지점을 보았다. 계곡을 휘감은 바람은 과거의 메아리를 실어 왔다. 나는 그 바람을 따라 사라진 의식을 다시 불러냈고 눈앞의 침묵은 공허가 아닌 원형의 리듬이었다. 고요한 봉우리들은 아직 말하지 않은 진실을 품고 있었고 나는 별빛을 손에 쥐고, 티벳의 맥 위에 혼의 선

을 그었다. 하늘은 나를 통해 묻혔던 길을 다시 드러냈고 나는 티벳에서 시작된 혼의 문서를 다시 열었다. 그날, 나의 심장은 고요 속에서 하늘의 울림을 품었다.

[델피 신전 사명]
나는 델피의 돌계단 위에서 고요한 떨림을 느꼈고 석벽에 박힌 예언의 메아리는 혼을 찢고 나왔다. 삼발이 의자 앞에 놓여진 리바니 향의 연기는 하늘의 불꽃처럼 나를 에워쌌다. 아폴론의 기운은 나의 눈에 성스러운 불빛을 심었고, 그의 예언은 기록이 아닌 숨결이며, 계시는 말이 아닌 빛의 파도였다. 나는 돌 사이에 피어난 하늘의 숨소리를 따라 걸었고 침묵하는 신전은 나의 그림자를 거울처럼 반사했다. 나는 그 반사된 빛으로 고대의 사명을 다시 두 손에 담았고 델피 신전 사명은 뜨거운 기도 속에 생명의 불꽃으로 다시 그려졌다.

[불멸의 맹세]
나는 2358 우주전사단의 명을 받들어 '81ㅎ 제71ㅎ사령관 하늘 진동을 꿰뚫는 별의 심장'으로 한반도의 구름과 델피의 별빛을 연결하는 신성한 사명에 서 있다. 나는 모든 침묵을 울림으로 바꾸는 혼의 번역자다. 숨겨진 문을 여는 손이며, 고요를 깨우는 심장의 불꽃이다.

[우주전사 81ㅎ 존재의 서약서 제72호]

- 위상 : 81ㅎ 제72사령관
- 우주명 : 바다의 별빛을 건너온 고요한 울림
- 지구 배치 위치 : 인도네시아 보고르 분짝 산 중턱
- 존재코드 : LUM-81H-0072
- 차원서열 : 하늘의 심장을 감지하며 물결처럼 진실을 전하는 혼
- 신력 : 바다의 깊이를 읽는 자/별빛을 숨결로 옮기는 자/울림 속 균형을 깨우는 자

[존재 선언]

나는 우주의 물결이 지상에 닿을 때, 가장 고요한 자리에서 그 부름을 들었다. 빛이 내 혼을 깨우고, 과거의 기억은 새로운 문을 열었다. 나는 저항하지 않고 흐름 속에 자신을 던지며 스스로 하늘이 되는 길을 걸으며, 망각을 넘은 존재가 되었다. 침묵 속의 울림이 내 본질을 드러내며, 나는 별의 춤으로 태어났다. 모든 시작은 한 점의 떨림에서 비롯되며, 나는 그 떨림의 파장을 이끈다. 시간은 나를 통과하지만 나의 사명은 시간의 뿌리 속에 묻어둔다.

[티벳 라싸 사명]

티벳의 계곡은 숨조각처럼 천천히 내게 다가왔고, 바람은 나의 머리를 흔드는 전령사가 되었다. 나는 고요한 봉우리 아래 무릎을 꿇고, 하늘의 언약을 되새겼다. 숨겨진 진실은 말이 아닌 감응으로 전해졌고, 혼

은 그 떨림을 품었다. 이곳에서 나는 고대의 기도를 따라 내 안의 문을 열었다. 하늘과 나 사이의 고요한 선율은, 그 누구도 알 수 없는 우주의 진동이었다.

[델피 신전 사명]

델피의 돌계단 위에서 나는 갑자기 멈추었고, 그곳의 바람은 예언의 첫 호흡이었다. 옴파로스 돌 위에 내려앉은 흑색조는 피시아의 손짓에 따라 머리를 움직였다. 그 눈빛은 나를 응시 했고 나는 말하지 않고 신전도 하늘도 침묵했지만, 우리는 서로를 이해했다. 그날, 신전은 나의 심장을 향해 오래된 바다의 노래를 들려주었다. 나는 그 노래에 귀를 기울이며, 시간 너머의 언약을 떠올렸다.

[불멸의 맹세]

나는 2358 우주전사단의 명을 받들어 '81ㅎ 제72사령관 바다의 별빛을 건너온 고요한 울림'으로 서 있다. 이 맹세는 찬란하지 않지만 깊고, 소리 없이 모든 길을 밝힌다. 나는 선택된 자가 아니라, 스스로를 기억한 자이며 빛도 어둠도 아닌 그 사이의 흐름으로, 우주의 언약을 완주할 것이다. 나는 그 불씨를 품고, 하늘로 되돌아갈 준비가 되어 있다.

[우주전사 81ㅎ 존재의 서약서 제73호]

- 위상 : 81ㅎ 제73사령관
- 우주명 : 빛의 문을 지나는 어둠의 해석자
- 지구 배치 위치 : 한국 동해 남단의 바람지대
- 존재코드 : LUM-81H-0073
- 차원서열 : 경계의 숨결을 읽고 경로를 지키는 혼
- 신력 : 빛의 방향을 꿰뚫는 자/그림자의 의미를 밝히는 자/고요 속 경고를 감지하는 자

[존재 선언]

나는 보이지 않는 문 앞에서 오래도록 머물렀고, 문지방의 침묵은 나에게 길을 허락하지 않았다. 그러나 나는 포기하지 않았고 빛과 어둠의 언어를 이해했다. 나는 해석자, 세상의 경계에서 이름을 부여받은 자. 무엇인가를 믿는 것이 아니라, 무엇이 진실인지 묻는 자다. 혼은 나에게 칼을 주지 않았고, 대신 통찰의 눈을 주었다. 나는 그 눈으로, 그 어떤 허위도 꿰뚫을 것이다.

[티벳 라싸 사명]

라싸의 고요는 나를 향한 문장이었고, 그 문장은 수천 년의 숨결로 쓰여 있었다. 나는 바람의 결을 읽으며, 그들이 감추었던 의도를 풀었다. 하늘 아래, 산맥의 위에서 나는 나를 다시 만났다. 라싸의 침묵은 질문이었고, 나는 대답이 되었다. 구름 아래 숨겨진 성소에서 나는 잊혀진 지

혜를 다시 되살렸다. 그날의 라싸는 내가 지닌 의문의 씨앗에, 하늘의 해답을 심어 주었다.

[델피 신전 사명]

델피는 나를 외면하지 않았고, 나 역시 그 문턱을 넘지 않았다. 우리는 서로를 오래 전부터 느끼고 있었고 델피 극장의 빛으로 만든 두 개의 파장은 투명한 나의 혼을 흔들고 깨워냈다. 나는 그 울림을 피하지 않았고 고대의 돌은 나의 각인을 허락했다. 아폴론의 예언은 나에게 고요하고 명확한 소리로 전해졌고 내 안의 어둠은 델피의 불빛 아래서 조용히 무너졌다.

[불멸의 맹세]

나는 2358 우주전사단의 명을 받들어 '81ㅎ 제73사령관 빛의 문을 지나는 어둠의 해석자'로 이 자리에 선다. 이 길은 나의 길이 아니며 모든 경계의 길 위에 걸어가는 혼을 위한 길이다. 나는 판단하지 않지만, 결코 외면하지도 않는다. 나는 어둠 속에서 방향을 알리고, 빛 속에서 흔들림을 경계할 것이다. 내가 서있는 이 길은 영원의 여백에 새겨질 하나의 점이 될 것이며, 그 점은 언젠가 또 다른 영혼을 위한 생명줄이 될 것이다.

[우주전사 81ㅎ 존재의 서약서 제74호]

- 위상 : 81ㅎ 제74사령관
- 우주명 : 새벽의 숨결을 부르는 자
- 지구 배치 위치 : 인도네시아 보고르 북쪽의 침묵 언덕
- 존재코드 : LUM-81H-0074
- 차원서열 : 아침 어스름을 가르고 기억을 깨우는 혼
- 신력 : 새벽 별들의 이정표를 읽는 힘/시간 이전의 언어를 알아보는 눈

[존재 선언]

나는 그 누구의 이름도 반복 하지 않으며, 내 발걸음은 침묵 속에서도 방향을 갖는다. 아무도 알지 못한 고요 속 울림으로 나는 다시 부름을 받았다. 하늘의 숨결이 처음으로 스스로를 각인 할 때, 내 혼은 이미 그 흔적을 따라 걷고 있었다. 나는 새벽을 여는 자이며, 닫히는 문을 지키는 자이다. 바람은 나의 귀에 흐르고, 별들은 내 이름을 기억한다. 이 길은 나를 위해 준비된 것이 아니라, 나로 인해 존재하게 되었다.

[티벳 라싸 사명]

라싸는 내게 말을 건 적 없지만, 나는 그 침묵을 들었다. 고원의 바람은 시간을 꿰뚫고 내 귀를 통과하며 바람의 흔적을 던져 줬다. 하늘 아래 가장 높은 푸른 눈빛의 사원 마타푸르, 나는 그곳에서 순간의 침묵에 멈췄다. 기도의 소리가 새겨진 사원 붉은 벽에 손을 얹고, 나는 오래전의

맹세를 다시 불러냈다. 고요한 북소리처럼 흐르는 진동이 나를 안아 주었고 나의 몸은 그 진동 속에서 서서히 잠들었다.

[델피 신전 사명]
델피의 고대 길목에서 내 눈은 계단 사이에 조각난 이름 모를 도형들에 눈을 뗄 수 없었다. 돌바닥에 새겨진 별무늬는 나의 전생을 자연스레 안내했다. 나는 아폴론의 침묵을 받아 안았고 피시아의 숨결 속에서 나의 혼의 목소리를 들었다. 그 자리에 남은 건, 오직 하나. 하늘의 말씀을 담은 혼이었다. 내 안의 침묵은 대지를 울리고, 나는 그 돌벽에서 시간의 수맥을 느꼈다.

[불멸의 맹세]
나는 2358 우주전사단의 명을 받아, '81ㅎ 제74사령관 새벽의 숨결을 부르는 자'로 이 자리에 선다. 이 사명은 단순한 반복이 아닌, 우주의 정수로부터 추출된 첫 울림이다. 나는 한 번도 포기하지 않았고, 그 어떤 길도 외면하지 않았다. 빛도 어둠도 아닌, 그 경계에 있는 혼으로서 나는 증명할 것이다. 이 서약은 내 생을 관통하고, 죽음조차 그 끝이 될 수 없다. 내가 여는 새벽은 단지 하루의 시작이 아니며, 한 시대의 차원을 넘기는 문이다.

[우주전사 81ㅎ 존재의 서약서 제75호]

- 위상 : 81ㅎ 제75사령관
- 우주명 : 별의 꽃을 피운 자
- 지구 배치 위치 : 한반도 경주 남산과 토함산 사이 바람재 고개
- 존재코드 : LUM-81H-0075
- 차원서열 : 하늘에서 떨어진 빛을 대지에 심는 혼
- 신력 : 별빛의 중심에서 영적 수맥을 연결하는 힘/닫힌 영혼의 문을 열어주는 자

[존재 선언]

나는 기억이 되기 전에 이미 울림이었다. 하늘이 첫 바람을 보낼 때, 나는 그 길목에서 빛의 파도를 나의 몸으로 품어 안았다. 누구에게도 보이지 않는 맥을 따라, 혼의 사명을 내 속 깊이 품고 이 땅에 걸었다. 내 안의 혼불은 한 번도 꺼진 적 없고 지금 이 순간, 나는 다시 그것을 밝힌다. 잊혀진 별들을 나의 호흡으로 다시 불러올 수 있다면, 나는 그것으로 혼의 통로가 된다.

[티벳 라싸 사명]

티벳 고원의 고요는 진동의 언어며 모든 대지의 혼맥을 넘어간다. 나는 침묵의 파장을 들을 줄 아는 자다. 포탈라 사원옆 울퉁불퉁한 길에서 나는 예언자의 혼을 마주했고, 그 눈빛 속에서 빛문의 색들을 새롭게 알게 됐다. 바람은 기도문을 품고 나를 감쌌고, 나는 마침내 그 진언의 일

부가 되었다. 라싸는 내 안의 정맥을 흐르며, 혼이 다시 깨어날 길을 그려 주었다. 그곳의 하늘은 내 안의 문을 열었고, 오래된 영혼들의 회향이 나를 부드럽게 감쌌다.

[델피 신전 사명]
나는 아폴론의 시선이 스쳤던 검은 벽에 이마를 대고 그 속에 남겨진 기록의 빛조각들을 마주했다. 그 순간 무언의 문장이 내 속에서 터져 나왔다. 예지의 공기 속에서 시간은 얼어버렸고, 나는 나아닌 존재가 되어 새로운 목소리로 빛을 갈아입었다. 델피는 내 혼의 조각들을 녹여 신에게 봉헌한 곳이다. 그 길을 따라간 자는 누구나 알게 된다. 델피의 돌 병풍에 하늘 소리 담긴 암벽이 커다란 피뢰침이 되어 나의 머리를 두드렸다.

[불멸의 맹세]
나는 2358 우주전사단의 명을 받들어 '81ㅎ 제75사령관 별의 꽃을 피운 자'로 이 사명을 이어받는다. 내 사명은 육신의 것이 아니며, 혼의 시간대에 새겨진 것이다. 세상의 흐름은 여러 번 나를 지우려 했지만, 나는 침묵으로, 다시 나타나는 방식으로 존재했다. 이 서약은 혼의 언어로 새겨져 천상의 조율 속에 함께 살아갈 것이다.

[우주전사 81ㅎ 존재의 서약서 제76호]

- 위상 : 81ㅎ 제76사령관
- 우주명 : 혼결을 가르는 빛의 창
- 지구 배치 위치 : 티벳 라싸의 북고지, 예언의 적막이 머무는 봉우리
- 존재코드 : LUM-81H-0076
- 차원서열 : 혼의 회로를 가로지르는 빛의 파문 결 정자
- 신력 : 차원을 열고 빛의 응축을 주도하는 힘/봉인된 고차원 진동을 해체하는 해체자

[존재 선언]

나는 피조되지 않았으며, 생성 이전부터 파동으로 나의 자리에 존재한다. 빛의 이름조차 없던 시기, 나는 경계에서 흐름을 부여받았다. 하늘로부터 파견된 것이 아닌, 최초의 율려로부터 응축된 혼이다. 우주의 질서는 나를 위해 갈라졌고, 나는 그 간극 속에서 형상도 없이 울렸다. 그 울림이 육화되지 않은 채로, 지금 여기 진입되었다.

[티벳 라싸 사명]

티벳 라싸의 고도는 경계가 아닌 상위 계층 진입의 발현지다. 라싸의 정점은 언어 이전의 통로이며, 새로운 세상으로 가는 두 개의 방이 있는 곳이다. 나는 그 내부 기운에 취하지 않은 채 고요히 존재한다. 예언이라 불리는 모든 소리는 나를 통과해 지나갔고, 나는 그 경로를 따라가는 자가 아니라 만든 자다. 눈으로 보이는 경전은 허상이었고, 진실의 흐름

은 나의 진동파로만 해석되었다. 침묵은 그 자체가 노래이며, 라싸는 나의 혼과 함께 하늘의 파장 나열을 다시 했다.

[델피 신전 사명]
델피는 신의 파열음이 지나는 길이 아니며, 혼의 정적이 침투한 깊은 울림의 전송지다. 나는 아폴론의 명령 이전의 초신성의 파장 자체다. 피시아 조차 나의 경로를 예견하지 못했고 그저 울림의 조각만을 소리로 토해냈다. 나의 소리는 돌로도 기록되지 않는다. 옴파로스에 담겨진 것은 혼의 흔적이 아닌 신성계로 연결된 정보의 결절이다.

[불멸의 맹세]
나는 2358 우주전사단의 명을 받들어 '81ㅎ 제76사령관 혼결을 가르는 빛의 창'으로서 나의 맹세는 언어가 아닌 파장으로 봉인된다. 나는 인간의 기억을 자극하기 위함이 아닌, 빛의 혼들을 다시 부르고 문을 열어준다. 나를 보는 이는 없을 것이며, 내가 나타난 증거는 혼의 상층 구조에서만 감지 될 것이다. 이 맹세는 스스로 울림이 다시 일어난 영혼의 순환이자 우주의 정점에서 파생된 빛의 결기다.

[우주전사 81ㅎ 존재의 서약서 제77호]

- 위상 : 81ㅎ 제77사령관
- 우주명 : 빛의 경계를 따라 흐르는 자
- 지구 배치 위치 : 한반도 남해 하동 금오산 뿌리 깊은 소나무 숲
- 존재코드 : LUM-81H-0077
- 차원서열 : 하늘과 땅의 균형축에 존재한는 우주의 발현을 수호하는 자
- 신력 : 사라진 언어를 다시 되돌리는 빛의 손/고요 속에 울림을 새기는 균형의 발걸음

[존재 선언]

나는 하늘과 땅 사이, 소리 없는 벽을 걷는 자로 나타났다. 그 벽은 말이 멈춘 자리였고, 별과 별 사이 침묵이 머무는 경계였다. 나는 그 침묵에 귀를 기울였고, 언젠가부터 침묵은 나를 부르기 시작했다. 빛이 없는 공간에 시를 적듯, 나는 우주의 틈새에 이름을 새기며 걸었다. 허공 속에 떠다니는 무형의 알갱이들 속에서 나는 존재의 빛을 수확했고 그 수확은 늘 투명했으나, 깊이 있는 자만이 볼 수 있는 빛이었다.

[티벳라싸의 사명]

나는 라싸의 높은 숨결을 따라 바람이 잠든 골짜기를 지나 신들의 계단에 올랐다. 그 계단은 신성한 순례의 노래를 기억하고 있었으며, 이름 없는 별들의 흔적이 남아 있었다. 나는 그 위에서 혼의 호흡을 고르

고, 영원한 자의 기억을 되감았다. 하늘의 진동이 땅으로 꼬리를 흔들며 내려올 때, 나는 그것을 침묵의 계시로 인식했다. 지혜의 문이 열릴 때, 나는 그 문지방을 넘으며 빛을 되돌리는 자가 되었다. 말이 아닌 눈빛으로 나를 인도한 그들은 내게 황금빛으로 하늘을 덮고 있는 18개의 문을 보여주었다.

[델피 신전 사명]

나는 델피 신전의 옴파로스 아래에서 바람의 중심을 보았다. 고대의 예언자들이 숨죽인 채 기다리던 그 지점에 내 숨도 도달했다. 델피 하늘에 먹구름이 퍼지고 붉은빛 하나가 옴파로스를 두드리고 이내 다시 하늘로 사라졌다 빛의 반사처럼, 나는 그들의 침묵을 내 마음에 되새기고 새로운 언어로 풀어냈다. 지중해의 별들이 밤마다 들려주는 고요한 떨림을 따라, 나는 돌기둥에 새겨진 흔적을 읽었고 그것은 나의 운명을 예고했다. 신전에서 퍼지는 빛의 진동으로 내 혼은 맑아졌고, 이름 없는 노래가 내 가슴에 피어났다.

[불멸의 맹세]

나는 2358 우주전사단의 명을 받들어 '81ㅎ 제77사령관, 빛의 경계를 따라 흐르는 자'로서 우주의 결 사이로 새겨진 생명의 빛을 다시 추적하기로 맹세한다. 나는 하늘의 균형과 땅의 호흡을 잇는 빛의 끈을 복원하는 자, 사라진 모든 기록의 조각을 다시 이어 우주의 서사로 편집하는 자다.

[우주전사 81ㅎ 존재의 서약서 제78호]

- 위상 : 81ㅎ 제78사령관
- 우주명 : 침묵의 심연에서 금빛 창조의 씨앗을 품은 자
- 지구 배치 위치 : 한반도 남해안과 제주 중간의 바다 위, 안개로 둘러싸인 고요한 등대
- 존재코드 : LUM-81H-0078
- 차원서열 : 잊혀진 하늘의 길을 되살리는 자
- 신력 : 기억을 숨겨둔 별의 문장을 해독하는 자/사라진 예언을 노래로 되살리는 자

[존재 선언]

나는 먼 옛적 숨겨진 금빛의 파문 ㄴ속에서 깨어난 혼이다. 하늘과 땅이 침묵하던 시간 속에서도 나는 우주의 부름을 들었다. 그 부름은 말이 아니라, 별들이 떨며 속삭이는 숨소리였다. 내 몸은 그 떨림에 응답했고, 혼은 노래처럼 흘렀다. 나는 사라졌던 언어를 되살려 새로운 별씨를 탄생시켰다.

[티벳 라싸 사명]

나는 라싸의 연꽃 정원 돌기둥에서 처음으로 빛의 물결을 발견했다. 돌기둥에서 번져 나온 빛흘림 소리는 사라진 혼들의 흔적을 보여줬다. 그들은 물처럼 부드럽고 돌처럼 단단했다. 그들의 소리는 하늘을 지나 별에 이르렀고, 나는 그 결을 따라 걷기 시작했다. 나는 지혜로운 라마승

이 남긴 무명의 기도 소리를 발견했다. 그 기도는 시간의 벽을 넘어 내 가슴에 웅장하게 전해졌다. 숭고한 라마승이 매일 새벽하늘을 향해 바친 반복된 진언은 나의 내면 깊은 곳에 묻힌 파동을 깨우는 부름이었다. 그 부름은 더 이상 인간의 말이 아니었고, 별의 언어와 통하는 빛의 도형이었다.

[델피 신전 사명]

나는 델피의 감추어진 바위 밑에서 금빛 씨앗이 숨겨진 신의 언약을 찾았다. 그곳은 신탁의 소리가 아니라 빛의 떨림으로 내게 다가왔다. 나는 성스러운 여사제의 검은 드레스 자락에서 흐르던 바람을 따라 그 의미를 느꼈다. 그 여사제는 침묵의 삼발이 의자에 앉아 있었고, 나를 바라보며 눈빛으로 예언을 건넸다. 그 예언은 나에게 과거와 미래 사이의 문을 여는 방법을 가르쳐 주었다.

[불멸의 맹세]

나는 2358 우주전사단의 명을 받들어 '81ㅎ 제78사령관 침묵의 심연에서 금빛 창조의 씨앗을 품은 자'로서 고귀한 하늘의 선율을 이어받는다. 나는 침묵으로 하늘의 파문을 읽고, 잃어버린 자들에게 방향을 되살린다. 이 사명은 내 혼이 선택한 마지막 고요한 노래이며, 반드시 이어져야 할 예언이다. 내가 걷는 이 길은 어둠을 여는 빛의 박동이며 그 끝에는 언제나 빛의 문이 기다린다. 이 맹세는 다시는 끊기지 않을 은하의 빛으로 기록될 것이다.

[우주전사 81ㅎ 존재의 서약서 제79호]

- 위상 : 81ㅎ 제79사령관
- 우주명 : 수평선 아래서 태양의 침묵을 걷는 자
- 지구 배치 위치 : 백두대간 중심축, 하늘과 땅이 가장 좁게 만나는 생명의 능선 위
- 존재코드 : LUM-81H-0079
- 차원서열 : 천상과 지각의 맥을 잇는 침묵의 빛
- 신력 : 땅속 깊은 진동을 감지하고 빛을 설계하는 자/닫힌 혼의 궤적을 다시 여는 조율자

[존재 선언]

나는 지구가 탄생하기 이전의 소리를 기억하는 자다. 그 소리는 물도 불도 공기도 없는 시간의 진동이었고 나는 그것을 따라 빛의 진공을 걸어갔다. 이 진동은 숨겨진 문을 여는 열쇠이며, 존재의 최초 암호를 되살리는 기억의 파동이다. 나는 영혼이 지나가는 문을 따라가며, 생명들이 태어날 자리를 설계한 자, 진동의 혈을 짓고 하늘의 숨결을 땅으로 내리는 자이다. 이것은 단순한 기록이 아니라, 신성한 건축의 진리이며 시간을 가르는 창조의 메아리다.

[티벳 라싸 사명]

라싸의 새벽, 푸른별을 머리에 이는 자는 신의 무게를 감당할 수 있는 자이다. 나는 그 고도에서 울리는 천상의 파동을 손끝으로 기록했고, 라

마승의 파동 속에서 별의 수맥이 한반도 산맥으로 이어지는 것을 보았다. 거기서 나는 티벳의 지도와 한반도의 정맥이 하나로 합쳐지는 경이의 순간을 맞이했다. 그 진동은 만년설을 깨우고, 잊혀진 예언을 다시 불러내는 생명의 명령이었다. 내 귀에 속삭인 소리의 조각은 이제 사람들을 깨우는 의식의 새벽 종소리가 될 것이다.

[델피의 신전 사명]

델피 돌계단을 오르던 날, 나를 부른 것은 바람이 아니라 옴파로스 아래 숨어있는 별의 진동이었다. 나는 피시아가 내민 봉인된 예언서에 손을 얹었고, 아폴론의 숨결이 깃든 석실 안에서 아티나 프로네아의 심장박동과 연결되었다. 그곳은 단지 신화의 유적이 아니었고, 우주의 지성들이 회합하는 공명의 극장이었다. 나는 별의 문을 여는 자로 선택되었고, 시간의 교차점에 나의 혼을 새겼다. 그날 나는 시간을 초월한 구조의 비밀을 받아 적었고, 그 구조 안에서 인류문명의 숨결을 꿰뚫는 사명을 받았다.

[불멸의 맹세]

나는 2358 우주전사단의 명을 받들어 '81ㅎ 제79사령관 수평선 아래서 태양의 침묵을 걷는 자'로서 지구의 수맥과 영혼의 진동을 설계한다. 내가 받은 사명은 우주의 고도에서 울려오는 별의 서명이며, 나는 이 서명을 품고, 잃어버린 진동의 길을 땅 위에 다시 새길 것이다.

[우주전사 81ㅎ 존재의 서약서 제80호]

- 위상 : 81ㅎ 제80사령관
- 우주명 : 침묵의 별 목소리를 해독하는 자
- 지구 배치 위치 : 한반도 남단 고요지대, 무음의 틈새에서 진동하는 은하 정점
- 존재코드 : LUM-81H-0080
- 차원서열 : 침묵 속의 잠든 언어를 되살려, 별들의 약속을 재통역하는 혼
- 신력 : 고요한 우주의 숨소리에서 생명 공명을 찾아내는 자/하늘이 감춘 빛의 주파수를 번역하는 자

[존재 선언]

나는 말이 없는 별들의 속삭임에서 최초의 언어를 들었다. 소리 없이 퍼져가는 빛의 진동 속에 태초의 문장이 새겨져 있었다. 그 문장은 불로 쓰이지 않았고, 침묵 위에 흔들리는 빛의 그림자였다. 나는 그것을 가슴으로 받아적고 혼의 흔들림의 진동으로 새겨 넣었다. 이름 없는 존재들의 메아리를 해독하여, 형체 없는 빛으로 깨어나는 영혼들에게 다시 노래하듯 불렀다. 그렇게 나는 침묵의 계승자가 되었다.

[티벳 라싸 사명]

티벳의 바람은 아무 말도 하지 않았지만, 그 침묵 속에는 우주의 고대 진동이 감춰져 있었다. 나는 라싸의 깊은 동굴 속에서 고대에서도 들리

지 않았던 벽 속의 노래를 들었고, 그 안에 저장된 차원의 목소리를 손끝으로 따라갔다. 빛의 언어로 전해지던 고요의 진언은 침묵의 통로를 따라 별의 심장부로 연결됐다. 이곳에서 나는 '소리 없는 명상'을 수행하며 우주 문명의 흔적을 되살려냈다.

[델피 신전 사명]
델피의 돌계단 아래 나지막이 피어있던 연보랏빛 꽃잎 속에서 아티나 프로네아의 눈빛을 발견했다. 아폴론의 하프는 울리지 않았고, 프로네아의 눈빛으로 델피의 돌기둥들은 흔들리기 시작했다. 나는 픽시아의 입술 대신 옴파로스의 진동으로 떨리는 돌의 떨림으로 신탁을 기록했다. 그곳엔 말이 아닌 떨림, 언어 아닌 기호의 성전이 있었다. 나는 예언 이전의 설계도를 손에 쥐고 별의 자리를 바꿔놓는 진리의 물결을 조율했다. 고대의 성전이 침묵으로 나에게 말했고, 나는 그 공명을 인간의 언어로 다시 새기는 빛의 번역자가 되었다.

[불멸의 맹세]
나는 2358 우주전사단의 명을 받들어 '81ㅎ 제80사령관 침묵의 별 목소리를 해독하는 자'로 이 땅에 내려왔다. 내 이름은 언어 이전의 언어, 형상 이전의 리듬을 깨우는 울림이다. 내가 듣는 것은 말이 아니며, 내가 전하는 것은 소리보다 깊다. 우주의 침묵은 나를 통과하며 생명을 설계하고, 그 침묵은 곧 새로운 창조의 땅을 여는 열쇠가 된다.

에필로그

5차원 천부경의 부름에 응답한 그대들에게

이것은 단순한 책이 아니다. 이것은 하나의 울림이다. 지금 이 땅, 한반도에 태어난 자 중, 기억을 되찾은 81ㅎ 영혼들이 오랜 침묵을 깨고 하늘의 부름에 응답하는 각성의 서이다.

우리가 사는 이 세계는 단지 물질로 이루어진 차원이 아니다. 눈에 보이지 않는 진동의 강이 흐르고 있으며, 그 강의 맥을 잡는 자만이 운명의 설계도를 수정할 수 있다.

《81 진동경》은 그 진동의 본래 구조를 복원하는 우주의 코드북이자, 81ㅎ 우주전사에게 내려진 우주의 작전 명령서다.

우리는 더 이상 질문하지 않는다.
이제 우리는 진동으로 존재한다.

우리는 더 이상 타인의 진리를 따르지 않으며 5차원 우주 언어로 말하는 첫 세대다.

충성 81ㅎ 2358 성전

에필로그